教科横断型学習と
自己評価

中学校「英語」×「教科」の試み

富永 裕子 著
Tominaga Yuko

三恵社

まえがき

本書は、日本の英語教育における内容言語統合学習（CLIL：Content and Language Integrated Learning）の導入を検討し、特に中学校における教科横断型学習の構築を試みながら、読む教材を活用することにより、その実践と可能性について学習者の自己評価を中心に調査・分析を進めたものです。都内の私立中学生を対象とし、他教科で学んだ内容を扱った英語教材の継続的使用を通して得た、1）内容と言語（英語）における理解度の自己評価と自由記述のデータに加え、2）学習者アンケート、3）教員アンケートを参考に、自己評価、エゴグラム（性格）、成績などについて統計的及び質的分析をおこないました。結果としては、今回の学習活動は英語の成績において有意性のある効果的要因を見出すことはできませんでしたが、学習者の英語学習に対する動向に興味ある知見を導くことはできました。この結果より日本の英語教育に CLIL が与える影響を考察し、結論として CLIL の可能性を導き、その実践について提案するものです。

将来英語教員として教壇に立つことを目指し、大学の教職課程で学ぶ学生のみなさんや、現職の中学校・高等学校の先生方、また、この分野に関心を持つ方々にもご参考になれば幸いです。

なお、本書の出版にあたっては、清泉女学院教育文化研究所の出版助成を受け、三恵社の木全俊輔社長に大変お世話になりました。紙面を借りて心より感謝申し上げます。

中学校「英語」×「教科」の試み—教科横断型学習と自己評価—

目　次

第5章　結果と分析

第6章　考察

第7章　結論

第1章　序論

第二次世界大戦以降、英語教育に関わる現場は、暗中模索・試行錯誤を続けながら、英語習得のための議論を繰り返してきた。昭和 44 (1969)年の学習指導要領では、英語圏へ向いていた視線が、全世界へと広がりだしていることが伺える。昭和 62 (1987)年、中央教育審議会は、英語は外国語のひとつに過ぎないと明言しながらも、初めて英語は国際語であるという立場を示し、日本人が英語を使用することによって世界の舞台に積極的に参加することを強く示唆するようになった。平成元(1989)年に入り、「国際語としての英語論」が高まり、英語の地位、及びその認識に基づいた英語教育の必要性は否定できず、学習指導要領もその中で「英語は国際語」であると明示している。以降、さまざまな指導方法や教育理論が展開される中、英語教育が目指すスタイルは、文法訳読法とコミュニカティブ・アプローチの間を行ったり来たりしている。教養を重視するのか、実践を重視するのか。潜在的能力の開発か、顕在的能力の育成か、それら両者は一体なのかなど、解決はつかない。『英語教育大論争』（平泉・渡部 1995）による現行の英語教育に対する最大の立場の違いは、「使える英語力を養成すべきだ」といういわゆる実践的立場と、「英語学習を通じて言語構造や他文化を学ぶ」といういわゆる教養的な立場の違いであろう。この日本において、外国語教育はどうあるべきなのか、明確な答えは求められておらず、受験指導に依存しつつ現場の教師も苦悩している現状がある。

1. 文法訳読法からコミュニカティブ・アプローチへ

現れては消えていくさまざまな外国語教授法があるなか、日本の英語教育はどのように行われてきたのだろうか。一般的に、伝統的な語学教授法は経験則に基づくものが多く、一方、近代的な語学教授法は、総合的な言語習得理論に基づいて形成される場合が多い。また、時代背景や学習者のニーズにより、語学教授法も変遷するのである。

日本の場合、海外からの知識の輸入に力点が置かれる傾向にあるが、約200 年前から現代の入試英語まで、文法翻訳中心の外国語教授法（文法訳読法）が一般的である。

表１：教授法の流れ

年代	指導法	歴史的・理論的背景
1800～	文法訳読法	・ラテン語学習
1880	直説法	・音声学(国際音声表記)
1920	オーラル・メソッド	・パーマー(H. Palmer)来日
1940	軍事特殊訓練計画(ASTP)	・第二次世界大戦
1950 1960	オーディオリンガル・メソッド 変形生成文法 認知学習理論	・構造主義言語学、行動主義心理学が 1960 年代まで一斉を風靡 ・チョムスキー(N. Chomsky)の言語生得説が新たに登場
1970	イマージョン サイレント・ウェイ	・第二言語習得(SLA)研究始まる ・カナダでバイリンガル教育始まる
	コミュニカティブ教授法(CLT) サジェストペディア 全身反応法(TPR)	・概念・機能シラバス ・ハイムズ (D. Hymes)：Communicative Competence 論 ・社会言語学、談話分析、語用論の発展 ・ヨーロッパ協議会による「unit/credit 制度」
1980	ナチュラル・アプローチ	・クラシェン(S. Krashen)：インプット仮説
1990	タスク中心教授法 内容重視の教授法	・ロング(M. Long)：インターアクション仮説 ・スウェイン(M. Swain)：アウトプット仮説
2000	Focus on Form CLIL(内容言語統合学習)	

（岡編 2011 p.18 改）

現在、英語教育理論として発達した近代的な言語習得理論が援用されるにしたがって、コミュニカティブ・アプローチをベースとした教育が広く行われるようになっている。

全体的な外国語教授法の流れを概観すると、1970 年代に入ると、各世界で科学的な知見に基づく言語習得論が開発され、認知心理学、行動学、脳生理学などをもとにさまざまな語学教授法が現れた（表1）。しかし、この時代に現れた語学教授法は、時代の流れの中でその存在価値を失ったものや、新しい考えの教授法にとってかわられたもの、あまりにも特殊すぎて創始者以外では継続できないものなど、社会における活力を失うこととなった。学問的な世界では、個別的な教授法のサイレント・ウェイやサジェストペディアなどの教育効果は、多くの変数を扱わなければならず、比較対象となるグループが作りにくいため、事実上厳密な測定が不可能であるので、分野としては敬遠されるに至った。

1990 年代以降は、このような個人を対象とした言語教授法ではなく、教師の役割に応じて教授の形態を分類する取り組みが主流となっていった。1970 年代までが教師を中心としたアプローチ、1990 年代までが折衷的なアプローチ、1990 年代以降は、学習者を中心としたアプローチと移っていく。また、2000 年代に入ると、1970 年代以降にコミュニカティブ・アプローチの注目が高まり、一時は軽視された文法中心の教授法が、タスク中心教授法や Focus on Form の導入に伴って、再び注目されるようになったのである。文法指導の重要性がコミュニカティブ・アプローチにおいても無視できないものとなっている。

「文法を教えること」は日本の英語教育において伝統的な教授法となっている。つまり、1）言語は形式と機能の体系であり、2）言語の特徴を明示的に学ぶのが良いとされ、順に1つずつ学んでいけばできるようになるという傾向にあった。しかし、文法テストができてもコミュニケーション能力があるとは限らない。ドリル練習だけでは効果がないということは明白である。一方、コミュニカティブ・アプローチは文法は明示的に教えず言語使用を重視するとし、文法シラバスではなく、状況・機能シラバスに基づく授業が行われるべきであるとしたが、教室で行うには疑似的な練習に終わり不十分であった。語学の教室が、学習環境としては最適な状況とは言えなかった。この状況を改善するためには、「コミュニケーションの手段として言語を教えるのだ」という教育観をもっと前面に打ち出す必要があったのかもしれない。現在では、「コミュニケーション能力を伸ばすことが無意味だ」と言う教師はいないであろう。

伝統的なこれまでの教授法では、言語形式のみを扱っていたので、流暢さを身につけることまで配慮されておらず、文法的に理解できないのは、複雑な学習項目や理解しにくい学習内容が原因であると誤解しており、自然な場面で習得する学習段階を考慮していなかった。それに対し、コミュニカティブ・アプローチが目指しているものは、自然な言語習得である。1）テーマに基づき、2）内容を重視し、3）その言語に浸るという方針で、学習者により多く話す機会を与え、教室の中でも可能な限り「生きた」コミュニケーションを図ることを重視した。「コミュニケーションの流暢さを身につけるためには、コミュニケーションを重視した教授法で教えられるべきである」ということである。しかし、だからといって「文法は教えるべきではない」ということにはならない。

日本において文法訳読法が伝統的な教授法としてあるのは、構造的違いによる日本人に特有の英語習得上の困難点が挙げられる。日本語はヨーロッパの言語とは形態のみならず、構造的にも全く異質の言語であるため、中島(1987) を参考にまとめると、

・母語のルールが英語に応用できない。
・発音の原理が異なるのでローマ字式の発音になりがちである。
・関係代名詞や前置詞・現在完了など、日本語に明確に存在しない語法を十分に理解し、使うのが困難である。
・語順が異なるので、英語における全ての技能（聞く・話す・読む・書

く）が苦手である。

・リスニングが不得手なので、会話表現習得が不得手である。

したがって、このような英語と日本語の構造的な違いをふまえた英語教授法が望まれる。その解決的教授法として、1990 年以降、タスク中心活動や Focus on Form が登場するのである。

2. 日本のグローバル化と複言語主義

平成 14 (2002)年、文部科学省が「英語が使える日本人の育成のための戦略構想」を発表し、翌年施行したことにより、英語教員研修や SELHi[1]（英語教育重点校）の開始、小学校外国語活動導入など、さまざま取り組みが行われてきた。これにより、日本の英語教育は実践的英語使用の路線に舵を切ったと考えられる。さらに、平成 24 (2012) 年、文部科学省は、複言語主義を理念とする CEFR (Common European Framework of Reference for Languages：ヨーロッパ言語共通参照枠)[2]を基盤として、日本のグローバル化を念頭に、日本における外国語教育の学習到達目標を設定した CEFR-J とその Can-Do リストの中等教育への適用を視野に入れた検討会議を続けている。その背景には、世界の言語事情があり、国際的には英語が事実上のリンガ・フランカ（lingua franca:共通語）になってきている状況でも、多くの言語が依然として社会的な伝達手段として用いられており、英語だけでは多くの文化が母語話者以外に手の届かないものになってしまう危険性がある。ゆえに、しっかりした母語能力に加えて、さらに２つの言語の機能的な能力を育むことを言語政策として EU が掲げ、

---

[1] SEL-Hi とは、Super English Language High School の略。文部科学省が平成 14 年度より、先進的な英語教育に取り組む高等学校を指定し、その研究成果を全国に普及させ、「英語が使える日本人」育成のための英語教育改善を目指した。

[2] CEFR (Common European Framework of Reference for Languages：ヨーロッパ言語共通参照枠)は、言語の枠や国境を越えて、異なる試験を相互に比較することができる国際標準。外国語の熟達度を 6 段階に分け、その言語を使って「具体的に何ができるか」という形で言語力を表す「Can-do descriptor」を用いる。

複言語主義という認識が特にヨーロッパの人々のアイデンティティーに貢献しているのである。

グローバル化が進む 21 世紀において、世界の標準は多言語であり、その中にあって英語の影響力もますます広がってきている。この状況下で、日本の言語教育政策、具体的には英語教育は何を目指すべきだろうか。世界標準を視野に入れ、どのような英語教育を進めていけばよいのだろうか。複言語主義の理念を日本の英語教育に当てはめて考えると、具体的にどのような目的・目標になるのであろうか。岡（2011）は、日本の英語教育の目的として、「英語の技能面に加え、文化的な価値、教育的な意義を融合させることが求められている」としている（図１）。

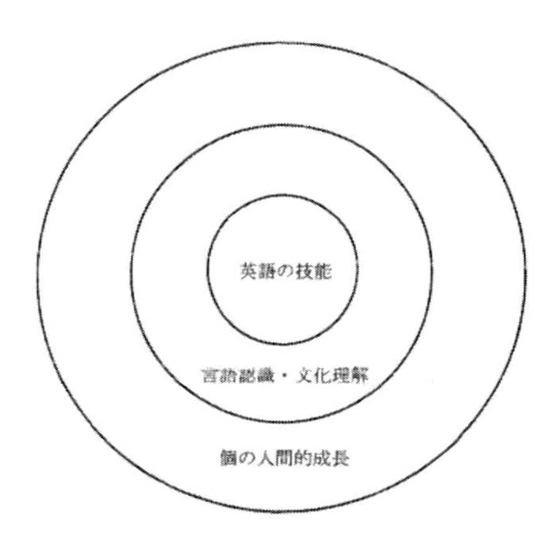

図１：英語教育の目的（岡編　2011p.16)

日本では「教養か実用か」という二分法で議論が進められてきたが、それでは問題は解決せず、EFL 環境であることを念頭に教養面と実用面の両方をいかに融合するかが課題となるであろう。実際のところ、隣国の中国・韓国を例として、すでに外国語教育の対策として自国のアレンジを加え CEFR を導入している国もあり、日本においても 2008 年から小池科研

（基盤研究（A）課題番号：162020 代表者：小池生夫）の一環として調査研究が進められており、東京外国語大学投野氏を代表とする CEFR-J 及び明海大学川成氏を代表とする CEFRjapan[3]の開発がすすめられ、CEFR-J に関しては 2013 年に完成している。

拝田（2010）は、日本の外国語教育における複言語主義導入の妥当性について述べている。「開かれた言語文化観の育成には複言語主義の理念が必要不可欠である」という立場から考察しているが、CEFR の日本への導入の妥当性には難色を示している。日本の現状では様々な制約があり、英語のみに限定した研究が進んでおり、複文化・複言語能力を養うという観点が欠落していると指摘している。また、CEFRjapan に関しては、「英語能力の最終到達目標が実用主義・道具論的言語文化観にやや傾斜している」と述べている。

指導に直接かかわる学校教育現場においては、複言語主義の理念は認めるにしても、CEFR の導入に関しては戸惑いがある[4]。複言語主義の指標となり言語の世界基準を示す CEFR は「あくまでも尺度であり、その指導実践は現場に委ねる」という立場を取っているため、具体的な指導方法が不明確なままの導入となっている。それにより、各国の現場の指導者が抱える問題が多く取り上げられており、現場教師の苦悩は続いているのである。そのような状況の中で、タスク中心活動や Focus on Form をはじめとし、最近では、内容言語統合学習（Content and Language Integrated Learning: CLIL）が、具体的な指導方法のひとつとして、ヨーロッパの外国語教育を中心に、2000 年以降盛んに実践がすすめられている。

---

[3] CEFR-J は、CEFR の 6 レベルをベースに 12 レベルに細分化した日本の新しい英語能力到達度を示す指標である。CEFRjapan は、12 レベル各々に日本の社会文化及び英語教育のコンテクストに合わせ、文法事項・表現・語彙を具体的に示したものである。

[4] Surveying the Use of the Common European Framework:Draft Synthesis of Results（2005）には様々なコメントが寄せられている。

3. 学習指導要領が求める英語力

現在、社会の急速なグローバル化に伴い、英語でのコミュニケーション能力が必要となってきている。また 2020 年には、東京オリンピック・パラリンピックが開催されることが決定し、日本人の英語力強化が求められた。中学校では、全面的に英語で英語の授業を行う、オール・イングリッシュの取り組みがすすめられている。それに伴って、学習指導要領が改訂され、2017 年 3 月に公示された新『中学校学習指導要領』解説では、外国語の目標を以下のように定めており、日本の英語教育が大きく変わる大切な時期であるということが分かる[5]。

「外国語によるコミュニケーションにおける見方・考え方を働かせ、外国語による聞くこと、読むこと、話すこと、書くことの言語活動を通して、簡単な情報や考え方などを理解したり表現したり伝え合ったりするコミュニケーションを図る資質・能力を次のとおり育成することを目指す。

1）外国語の音声や語彙、表現、文法、言語の働きなどを理解するとともに、これらの知識を、聞くこと、読むこと、話すこと、書くことによる実際のコミュニケーションにおいて活用できる技能を身に付けるようにする。

2）コミュニケーションを行う目的や場面、状況などに応じて、日常的な話題や社会的な話題について、外国語で簡単な情報や考えなどを理解したり、これらを活用して表現したり伝え合ったりすることができる力を養う。

3）外国語の背景にある文化に対する理解を深め、聞き手、読み手、話し手、書き手に配慮しながら、主体的に外国語を用いてコミュニケーションを図ろうとする態度を養う」。

---

[5] 文部科学省『学習指導要領改訂のポイント』
http://www.mext.go.jp/a_menu/shotou/new-cs/__icsFiles/afieldfile/2017/06/16/138

さらに、新学習指導要領では、これまでの４技能を４技能５領域とし、話す活動を「やりとり」と「発表」に分け、指導の重点化を図っている。話す活動に関し、新たなキーワードとして「即興性」が挙げられている。プレゼンテーションの際には書かれたものを読み上げるのではなく（メモ程度は見ても構わないが）、自分の言葉で内容を伝えたり、予測できない質問を受けても、自分の考えを即座に伝えられる力を求めている。また、新しい学習指導要領では、これまでの「生きる力」に「資質・能力」を加え、何ができるようになるかを明確化するとしている。教育の質の向上を図り、確かな学力として、次の３つを挙げている。

１）基礎的・基本的な「知識」・「技能」
２）課題を解決するために必要な「思考力」・「判断力」・「表現力」
３）「主体的に学習に取り組む態度」

主に言語・外国語学習に関する改訂ポイントをみると、まず、「言語能力の確実な育成」が挙げられる。発達の段階に応じた、語彙の確実な習得、意見と根拠、具体と抽象を押さえて考えるなど情報を正確に理解し適切に表現する力の育成が求められる。また、母語による学習の基盤としての各教科等における言語活動：実験レポートの作成、立場や根拠を明確にして議論することなどの充実した活動を計画すること。つまり、教室を「ことば」を使用する場にすることが求められている。さらに、母語を尊重する姿勢が養成されるべきであることを示唆している。
次に、「伝統や文化に対する充実」が挙げられる。「わらべうたや伝統的な遊びなど我が国や地域社会における様々な文化や伝統に親しむ」ことや、「古典など我が国の言語文化、県内の主な文化財や年中行事の理解、我が国や郷土の音楽、和楽器、武道、和食や和服などの指導の充実」が具体的に挙げられている。グローバル社会における国際理解・異文化理解は重要な課題である。異文化を知るということは、まず自文化を知ることから始めるのだと理解できる。

３つめに、「外国語教育の充実」が挙げられ、小学校において、中学年で「外国語活動」を、高学年で「外国語科」を導入する。小学校の外国語教育の充実に当たっては、「新教材の整備、養成・採用・研修の一体的な改善、専科指導の充実、外部人材の活用などの条件整備」を行い支援する。

また、「小・中・高等学校一貫した学び」を重視し、外国語能力の向上を図る目標を設定するとともに、「国語教育との連携を図り日本語の特徴や言語の豊かさに気付く指導の充実」を図る。母語学習の尊重を基盤とし、外国語の言語形式と意味の知識を養成するばかりでなく、言語をどのような場面で使用するのかという思考力・判断力・表現力を高めていくことが大切になる。

特に、英語教育においては、これまでの 4 技能というカテゴリーが 5 領域となる。話す活動が、「やりとり」と「発表」に分類され、コミュニケーションにおける「即興性」を養成するように求められている。さらに、「主体的に外国語を用いてコミュニケーションを図ろうとする態度」の育成により、「生涯にわたり学習する基盤が培われるように」と述べているが、つまり「学習者の自律」を目指した今回の改訂といえよう。

その他、ここでは詳しくは触れないが、「資質と能力」を養う要素として、他に「道徳教育の充実」と「体験活動の充実」が挙げられる。これらの内容は複言語主義が掲げる内容と重なっている。

日本のような EFL（English as a Foreign Language）環境下の学習者にとって、日常的に実践的な英語使用の機会を得ることは難しい。最も身近なところで、学校の教室が英語使用の場となることが望ましいであろう。中学校や高等学校の中等教育の現場がそのような場になることは可能であろうか。受験を意識しつつも指導法の主流がコミュニカティブ・アプローチとなり、タスク中心教授法や Focus on Form などの新しい指導実践が教師に求められている現在、英語教師を対象としたさまざまな指導実践報告会やワークショップなどが開催されていることからもわかるように、これからの英語科教育法は、その指導法を学習者の発達段階と領域に合わせ、学習指導要領が示す目標達成のためにいかに授業を構築していくべきかを再検討する必要があるのではないだろうか。言語形式の学習のみならず、言語活動を通して「教室が英語を使用する場」となるための効果的授業実践の方法を模索し、最終的には「学習者の自律」へと導けることが望ましい。本書では、日本の英語教育における CLIL の導入を検討し、特に中学校における教科横断型学習の構築を試みながら、その実践と可能性について主に自己評価を中心に調査・分析を進める。

第 2 章　先行研究

1990 年以降から現在まで、コミュニカティブ・アプローチに文法指導を含める教授法に注目が集まった。日本の英語教育に紹介された海外の言語教育理念や教授法として代表的なものに、CEFR をはじめ、タスク中心教授法、Focus on Form、CLIL が挙げられる。Focus on Form と CLIL[6] については、その由来や理論的発展の背景は異なるものの、どちらも意味内容と言語形式の両方に注目した指導法であるので、教育実践面ではオーバーラップしている部分がかなり多いが、教育アプローチ全体を示す時は CLIL を用い、より具体的にコンテクストの中で形式に焦点をあてる活動や指導を意味するときは Focus on Form を使うことが促されている（和泉 2016）。

1. タスク中心教授法と日本の英語教育

1990 年代になるとそれまでのコミュニカティブ・アプローチの不十分を補うために文法指導の必要性が見直され、「コミュニケーション能力育成」と「文法指導」の融合的教授法としてタスク中心教授法（Task-based Language Teaching : TBLT）が注目を集めた。TBLT は、「アウトプット仮説」（Swain 1985）及び「インターアクション仮説」（Long 1990）に基づいている。アウトプット活動を通して、さらに文法の正確さを伸ばすことができ、また相互理解を目指してインタラクションにより意味交渉が行われる。課題を遂行することに意識を集中する過程で、言葉の正しい使い方に気づき、徐々に第二言語習得が促されると考えられている。英語を外国語として学習する EFL 環境においても、国際化をたどる時代の要請で

[6] Focus on Form はアメリカから導入された教授法であるのに対し、CLIL はヨーロッパから導入された教授法である。

学習者の「実践的コミュニケーション能力」の育成が求められている。言語教育としては極めて自然な方向性の明確化となっているが、コミュニケーション能力の育成を目指しながらも文法指導を行いその効果を期待できるとあり、伝統的に文法指導が根強い日本において、タスク中心教授法への注目は高く、中高英語教員対象の研修などでもこのテーマを扱うものが多かった。

日本の英語教育にタスク中心教授法を参考とするにあたり、高島（1995）は、日本の教室における文法説明の効果について、１）発話の正確性の向上に寄与し、２）学習させたい文法形態に学習者の注意を向けることができ、３）誤った英語を学ばないようにすることができ、さらに学習者は、４）文法体系を整理することができ、５）特定の文法事項の定着を促進することができるとしている。

Canale and Swain（1980）は、コミュニケーションが可能となるために必要不可欠な要素のひとつには知識（文法力）であるとコミュニケーションを定義している。教室における文法説明やそれに伴う活動は、日本の中高生にとって、英語の習得・学習の決定的要因となることが裏付けられ、EFL 環境の特徴として効果的な指導としてその実践が求められた。日本における英語授業の現状（主に中学）も文法説明に種々の活動を加える傾向になり、学習者を中心に ALT[7]の導入や CALL（LL）教室[8]利用など多種多様な形式をとるよう工夫されてきている。

しかしながら、コミュニケーション志向の文法説明が日本の中高の英語教員にとっては難しいのである。つまり、文法学習という「静的な知識」からコミュニケーションという「動的な知識」指導への具体化が見えない

---

7 Assistant Language Teachers の略。外国語指導助手。日本人教師を補佐し、生きた外国語（英語）を伝える外国語（英語）を母語とする外国人を指す。

8 CALL（Computer Assisted Language Learning）教室は、語学用に音声活動に対応する機能をそなえたコンピュータルームである。LL（Language Laboratory）教室はテープレコーダー機能を利用した言語習慣形成のためのドリル活動を中心に行う教室である。従来の LL を更新して CALL が設置される場合が多い。

のである。中高の英語指導に関する実態調査 2015（ベネッセ教育総合研究所）[9]においても、8 割の教員が授業が実際の英語を使うコミュニケーションの場になる必要性を感じてはいるが、入試対応、自分の英語力不足などを挙げ、文法指導が中心の授業を行っている傾向がうかがえる。

学習者の目標文法項目に関する知識は、動的なものとなるための基盤を作ったことになり（Larsen-Freeman 1991）、静的な知識をより具体化して与えるには、pragmatics[10]の知識の重要性が挙げられる。Widdowson（1978）は、話し手の意図・意味内容（pragmatics）を補うためにことばは使われるとし、場面に応じて自分の言葉として適切な発話ができるようにする必要性を述べている。

では、pragmatics の側面を取り入れた文法説明はどのように行えばよいのだろうか。いつ、どのような時に、なぜその形態を用いるのかを話者の視点で考えさせるために、EFL 環境においては、文法説明の中で場面に即して具体性を高めて提示し、学習者がそれを知識として持たなければならない。そのためには、pragmatics を含めた知識を教師がまず持ち、感じることが指導の前提となるが、現場の教員にとっては大きな負担となっている。さらに高島（2000）はパターン・プラクティスなどの「ドリル」と文レベルの練習「エクササイズ」に場面を与える「コミュニケーション活動」が加わり「タスク活動」が可能となるとしているが、授業中に ALT に話しかけられるとコミュニケーション活動で定着させたはずの文法項目が理解できていない、あるいは使えないという事例を挙げている。正確性と流暢性の両方を目的とするタスク中心教授法は、結果的には日本の英語教育に定着しなかったといえる。

---

9 2015 年 8 月～9 月に実施された中学校・高校の英語指導の実態と教員の意識調査である。全国の中高教員 5,087 名を対象に行われた。http://berd.benesse.jp/global/

10 語用論。言語表現とそれを用いる使用者や文脈との関係を研究するもの。表現形式・意味内容・言葉の使われ方の関係である。

2. Focus on Form と日本の英語教育

次なる救世主として現れたのが Focus on Form である。前述したように、1970 年代から、それまでの GTM（Grammar Translation Method: 文法訳読法）を代表とする伝統的教授法は、コミュニカティブ教授法へと変遷を遂げてきた。しかし、指導の振り子は文法指導重視（language form）なのかコミュニケーション指導重視（language use）なのか、その間を何度も行ったり来たりし、2000 年代に入ると、コミュニカティブ・アプローチの注目の高まりによって一度は軽視された文法教育中心の教授法が、Focus on Form の導入に伴って再び注目されるようになった。

EFL 環境にある日本の英語教育現場では、現在、学習指導要領がコミュニケーション重視の指導を掲げてはいるがなかなか浸透せず、実際のところ（特に受験指導に力を入れている高校では）GTM に偏った指導がまだ多く実施されていることは否めないであろう。コミュニケーション指導の工夫と実践が試行錯誤されるなか、村野井（2006）は、「Focus on Form の原理に沿う指導が日本人英語学習者の英語運用能力を伸ばす上で効果的であると予測できる」（p.110）と述べている。意味重視のコミュニケーション活動に文法指導を効果的に組み込む Focus on Form は日本の中学・高校英語教育においてどのような影響をもたらしたのであろうか。

Focus on Form は、概略的に「意味中心の言語理解・産出活動において、特定の言語形式（語彙・文法）の習得を促すこと」と定義される（村野井 2005）。意味重視・コミュニケーション重視の授業において、特定の言語形式に学習者の注意を教師または学習者自らが向けようとすることが、Focus on Form の指導原理・学習原理とされている。Long（1991）や Doughty & Williams（1998）は、以下のように Focus on Form を定義づけている。

> A method which “overtly draws students’ attention to linguistic elements as they arise incidentally in lessons whose overriding focus is on meaning or communicat (Long, 1991, pp.45-46)

"The learner's attention is drawn precisely to a linguistic feature as necessitated by a communicative demand...... meaning and use must already be evident to the learner at the time that attention is drawn to the linguistic apparatus needed to get the meaning across."

(Doughty & Williams, 1998, pp.3-4)

意味重視の言語活動において、意味から言語形式へ学習者の注意がシフトされるのは、学習者が言語理解または言語産出をしようとする際に、何らかの形でつまずいたときであると言われている。言語運用の面で「つまずく」ことによって、学習者の注意が言語形式に向けられる。この「つまずき」に教師が気付いて助けたり、学習者自身が助けを求めたりすれば、それが一種の Focus on Form[11]となるとされている（村野井 2006）。

Long & Robinson (1998)は、Focus on Form を行なう上で骨組みとなるのはタスク中心授業法、内容中心授業法などであると提案している。具体的な指導技術には、さまざまなものがある。Doughty & Williams (1998) は、コミュニケーションの流れを阻害する度合いの力の順に Focus on Form の指導技術を表２のように配列した（日本語は筆者が加筆）。

村野井（2006）は、Wiliams(2005)を参照したうえで、上記のようなさまざまな Focus on Form の指導法を以下のようにまとめている。

1） form-meaning-function の結びつきの理解を促す Focus on Form 指導は、一定の条件下で第二言語習得を促す。特に、コミュニケーション上の価値が低い形式、意味的に不透明な形式に学習者が気づくことを助ける。

2） 暗示的文法指導と明示的文法指導を融合した Focus on Form は、

11　対照的に、コンテクストから切り離された文法事項を１つずつ覚えていくような文法偏重の指導・学習は Focus on Forms と呼ばれる。また、意味のやり取りだけを重視して文法に注意を全く払わない指導・学習を Focus on Meaning と呼んでいる。

一定の条件下で第二言語習得を促す。特に明示的文法指導には目標言語形式が過剰に使用される誤りを抑制する効果があることが報告されている。

3）意味交渉を引き起こす Focus on Form は、一定の条件下で、特に学習者の心理言語的レディネスに合致している場合、第二言語習得を促す。

4）アウトプット活動を中心とした Focus on Form は、学習者が自分の中間言語と目標言語のギャップに気付くことを促す。

しかしながら、Focus on Form の効果が検証されているにしても、「一定の条件下で」となると、例えば日本の学校教育の現状では、いかに上記の指導法が活かされるのか改めて検討していく必要があると思われる。Zoble（1982）は、日本人学習者が英語の否定表現の習得段階において、最初は他の国の学習者と同じステップを踏んでいたが、途中から同様のストラテジーを使用しなくなったと述べている。

さらに、Long（1991）は、「Focus on Form に基づく教育は生産的であり、学習速度を促進し、最終到達レベルも高いとしている」一方で、「文法事項の教授は、学習者の処理できる程度に合ったものでないと失敗する」とし、Mackey（1999）も心理言語的レディネスの観点から、「文法指導を行なう際には、学習者がどのような言語処理ストラテジーを使えるかに配慮し、発達段階と指導のタイミングを合わせることが大切である」としている。

Focus on Form の活動は、第二言語習得において重要な認知プロセスに影響を与えていると考えることができる。Doughty（2001）は、「学習者が１つの認知活動において、形式・意味・機能の３つを同時に処理することができる」としている。

Focus on Form が第二言語習得に及ぼす影響は、非常に効果的であるとされているが、実際に日本の英語学習者、特に文法訳読法志向からなかなか抜け出せない中学・高校英語教育現場においては、どのような有効性が考えられるのだろうか。

Focus on Formは、場面の設定における内容中心教授法およびタスク中心教授法を用いることでその効果を発揮するとされ、日本の英語教育現場では、現行の英語検定教科書の題材内容を重視した内容中心授業を行い、その中で文法・語彙の習得を促すことを適切に行なえることが理想とされた。

表２：Focus on Formの指導技術

Input flood	目標言語形式が含まれたインプットを大量に学習者に与える。	弱
Task-essential language	特定の言語形式の使用が必須になるような言語活動を行なう。	
Input enhancement	特定の言語形式を視覚的に目立たせる。	
Negotiation	インタラクションにおいて、対話者同志が意思の疎通を共通目標として、フィードバックを繰り返しながら意味の明確化を求める。	
Recast	学習者が特定の言語項目について文法的誤りを犯したときに、教師などが学習者の発話をなるべくそそまま活かしながらも、誤ったところを修正した発話をフィードバックとして学習者に返すもの。	
Output enhancement	教師のフィードバックによって、学習者に誤りを含んだ文をもう一度アウトプットさせ、仮説修正を促す指導。	
Interaction enhancement	フィードバックを利用して、言語形式に学習者の注意を向けさせる。	
Dictogloss	メモを取りながら長めの文章を学習者が聞き、そのメモを元に、ペアまたはグループで話し合いながら元の文章をなるべく正確に復元していくという共同的活動。	
Consciousness-raising	学習者の文法に関する意識を変えようとするもの。文法問題についても目標言語で話し合わせる。	
Input processing	目標言語項目が含まれた多数の文を意味のある形で配列し、それを学習者に与えることによって、学習者に形式と意味のつながりを深く理解させる事をねらう指導。	
Garden path	学習者が規則を過剰に適応して、誤りを犯すようにわざと導き、誤りが生じたときに、教師がフィードバックを与える指導法。	強

(Doughty &Williams, 1998, p.258 一部改)

Long（1991）は、Focus on Form が有効な題材として、生物、数学、作業的練習、外国の地理、文化などをその対象として挙げている。また、コミュニケーション活動をとおして言語習得が行われるのであり、メッセージの意味を無視して、文法規則や言語表現を教えることの欠点を述べている。

Focus on Form では、明示的文法知識によって、インプットの中に含まれている言語形式に学習者の注意が向けられるようになる。しかし、事前知識(advance organizer)として文法規則を学んでいると、「文法形式とそれが表す意味および機能と関連をより明確につかむことができる（Norris & Ortega, 2000)。」この事前知識の構築が日本人学習者には重要なポイントとなるのではないだろうか。

SOV 型の母語を習得している日本人学習者にとって、SVO 型の英語は、もちろんその他の側面から比較しても、全く異質の言語である。Focus on Form のコミュニケーション活動の中で、言語形式に注意を向けるという段階に進む前に、日本人学習者にはその仕込み的段階（input）として、Focus on Forms の指導が学習初期段階の中学 1・2 年次に行なわれることが効果的ではないかと考えられる。もちろん、意味と言語形式を切り離さないよう指導者が留意することが条件である。中学 1・2 年次に基本文法のブロックを積み重ね[12]、たとえそれが定着しなくても、中学 3 年次より Focus on Form で展開することにより「気付き」を促し、feedback を通して、高校 1・2 年次までにコミュニケーションを重視した内容中心授業やタスク活動において文法能力が育つための機会を学習者に与えることが可能ではないだろうか。単純な言語規則に関しては明示的知識が習得を促すことは明らかであるが、複雑な言語規則に対しては明示的言語知識が効果的なのか、暗示的言語知識が効果的なのか、は

---

[12] Nunan(1989)は、文法を１つ１つ積み上げるように記憶している文法学習を「ブロック積み上げの喩え」(building block metaphor) で表し、学習者のなかに文法が育つような文法指導を「（植物が育つような）有機栽培の喩え」（organic metaphor）であらわし、後者の有効性を学習者中心授業法(learner-centered instruction)の観点から主張している。

っきりした結果は得られていない。「暗示的・明示的文法指導は、バランスよく組み合わされることが重要だ」とされている（Dekeyser, 2003; Norris & Ortega, 2000）。

日本は EFL 環境下ではあるが、極端な事を言えば、第二言語を習得していなくても、今のところ一生困ることなく暮らせる国のひとつである。ゆえに、第二言語習得にあまり死活にかかわる強い道具的動機付けも伴わない。中学生・高校生にとって、即英語を使用し実践する機会は少なく、学校での「英語」は教科として学ぶのであり、使用を目的とした「言語」として学ぶ意識があまりない[13]。中学入学時より、明示的文法指導として Focus on Forms を活用し、入門期の１・２年間を基礎体力作りに費やしても問題はないのであろう。中学校において現在もなお文法指導とドリル課題に時間が費やされている事実は否定できない[14]。そして基礎体力ができたところで、Long (1991) が Focus on Form で有効な題材として挙げている、生物、数学、外国の地理、文化などを扱うと効果的学習が期待できるのではないだろうか。コミュニケーション重視志向に押され、日本人学習者に適した指導・学習スタイルを見失ってはいけない。

また、日本の教育現場における指導者側の問題として、例えば Focus on Form の代表的指導である、corrective recast[15]を適切に実践できる教師が存在しているか否かということが挙げられる。一方で、学習者側の問題としては、日本人の一般的に“shy”という性質上、recast による言い

---

13 ベネッセ教育総合研究所の全国の中高生 6,294 名を対象にした「中高生の英語学習に関する実態調査 2014」では、9 割の中高生が「英語を話せたらかっこいい」と考えるが、将来自分が英語を使うイメージは低く、「英語を使うことはほとんどない」という回答が 4 割以上であった。http://berd.benesse.jp/global/

14 前述のベネッセ教育総合研究所「中高の英語指導に関する調査 2015」では、中学校の授業では、9 割の教員が文法練習問題及び文法説明の活動が中心になっていると回答している。

15 学習者が特定の言語項目について文法的誤りを犯したときに、教師などが学習者の発話をなるべくそのまま活かしながらも、誤ったところを修正した発話をフィードバックとして学習者に返すもの。

直しを求められたときに学習者が積極的に参加したがらないのではないかという心配もある。いずれにしても、学習者のニーズと環境にあった学習活動を検討すべきであり、指導者はあくまでも学習者が自分で気づくような条件を整え、学習を促す関心を持たせることが求められる。

Focus on Form の有効性は認めるにしても、学習者・学習環境にあった指導法が検討されなければならない。どんな form に focus するのか、どんな focus を form にあてるのかを考察する重要性がある。例えば、morphosyntax ならば focus on forms を、phonology ならば focus on form を、lexis なら focus on meaning をというように、３つを上手く融合活用し、より効果的な指導・学習への指針が産出されることが期待される。しかし、「意味のある文脈の中で言語形式に注意を向けさせること」(Long 1991, Long and Robinson 1998)という Focus on Form の理論は理解できるのであるが、示される具体例が限られており、「言語形式を文脈から切り離して教えるのではなく、内容のあるコミュニケーションを行う過程で"偶然"[16]でてきた言語要素に暗示的に注意を向けさせる」と言われても実践には結びつけにくい。Focus on Form で正確さを習得するといっても、どの form を使うのか、どうやって学習者の「気づき」を導くのかなどによって教え方の効果も変わってきてしまう。Form の複雑さ、中間言語内での位置づけなども影響を与えるだろう（Hurley 1995)。中高の教室ではタスク中心教授法と同様に Focus on Form は定着しにくい傾向にあった。コミュニカティブ・アプローチの授業の中で言語形式に注意を払う Focus on Form の手法を使うことで、流暢さと正確さの両方を同時に向上させることができるというのは日本の英語教育においては理想の段階でしかない。

---

[16] Schmid（1990）は、noticing（気づき）が input を intake にする必要十分条件であるとし、焦点をあてて注目した内容を経験した時、その直後に意識化するとしている。一方で、Tomlin & Villa（1994）は、意識化は必ずしも注目するのに必要ではなく、典型的なものが記憶されているという detection（感知）さえあれば良いとしている。

3. 中等教育におけるCEFRの実用性

文部科学省は、教職課程を設置している大学を対象に、優れた教員の育成を目指すコア・カリキュラムの実施を 2019 年 4 月から課すとし、それに先がけ、教員養成に関わる大学教員の質を精査するため、活字業績や履歴書、シラバスの提出を求めている。教職課程の再課程認定を受けるため、大学の教職科目を担当する教員や教務職員は大量の書類準備に当時は頭を抱えた。大学によっては、教職課程申請を諦める場合も珍しくない。特に今回の教職再課程認定においては、英語教員の英語力・指導力強化のための改革が大きなポイントのひとつとなっている。文部科学省委託事業による平成 28 年度報告書[17]によると、教員養成における英語科に関する専門的事項として、英語コミュニケーションの全体目標を、「中学校及び高等学校において、生徒の理解の程度に応じた英語で授業を行うための英語運用能力を身につける。英語運用能力としては、CEFR B2[18]レベル以上を目標とする。また、生徒に対して理解可能な言語インプットを与え、生徒の理解を確かめながら英語でインタラクションを進めていく柔軟な調整能力を身につける」とある。つまり、英語教員として必要な英語運用能力は CEFR B2 レベル以上が求められており、これまで教員志望者に具体的に求められていた TOEIC730 点以上、英検準 1 級以上とは明記されていない。文部科学省は英語運用能力のスケールとしてすでに各試験団体のデータによる CEFR との対照表[19]を提示している。日本の外国語教育において CEFR のレベルに対する理解は今後さらに求められるであろう。ところで、英語教員を目指す学生が目標とする CEFR B2 とはどのようなレベルなのだろうか。おそらく、このレベルを教員として具体的に「何ができる力な

---

17 文部科学省委託事業「英語教員の英語力・指導力教科のための調査研究事業」平成 28 年度報告書　www.u-gakugei.ac.jp

18 国際基準である CEFR は、外国語能力の尺度として初期段階から基礎言語使用者：A1・A2、自立言語使用者：B1・B2、熟達言語使用者 C1・C2 と 6 レベルにより示される。

19 www.mext.go.jp>afieldfile

のか」と明確に説明できるものは少ないであろう。CEFR のスケールは日本の英語教育にどのような影響を及ぼしているのだろうか。

まずは、CEFR 誕生までを概観する。人権の尊重を掲げる複言語主義の理念のもと、1950 年代後半から欧州評議会（Council of Europe:CE）の言語教育へのアプローチは始まった。初期の CE の言語教育は主に成人を対象としていた。1970 年代になると、レベルごとに credit（国内でのみ機能）が与えられる Committee for Out of School Education により the Threshold level が導入された。これにより学習者の負担が課せられる一方で、実践的コミュニケーション手段を身につける必要性が高まる。1980 年代には Waystage（lower level 向け）の開発が始まり、TV 教育プログラム'Follow Me'の放映や教員養成ワークショップのプログラムが立ち上げられる。1980 年代後半から 1990 年代初めには、中欧と東欧における政治的状況の変化により、CE の言語教育分野における急速な対応が迫られる。1989-97 年には、新加盟国にも対応した、'Language Learning for European Citizenship'が言語教育発展のガイドラインとして示された。そして、1991 年に CEFR への本格的な着手となり、1997 年から 2000 年にかけ、potential users を対象にし、試験的に普及を試みたものをまとめ、ウェブサイトに各レベルの指導教材のサンプルを配信し、CEFR の導入に至った。CEFR のスタンスは、あくまでも一般的尺度を示すのであり、参照枠に従って指導方法などを強制したりするものではない。よって具体的な指導方法などは示さない。CEFR を参考にし、言語教育に関わる人々が置かれた状況にあわせて、具体的実行計画をするための共通基盤でなければいけないとしている。

CEFR は Knowledge-based ではなく、Action-based approach のスタイルをとっており、言語的能力の問題（文法・語彙・発音）だけではなくコミュニケーション能力の育成を図りながら語学学習の価値を与えるものである。自己啓発・社会的自覚を促し、相互理解と発展、及び学習者の自律を促すものである。自ら言語運用能力を構築し、具体的実行計画をするために、ELP（The European Language Portfolio）[20]が用意されており、ポートフォリオ学習を推進している。

ヨーロッパ全体の言語政策として導入された CEFR は、学校教育において 21 世紀に不可欠なものであるが、学校での使用は難問がある。CEFR 作成者の達成目標と生徒の達成目標との間に大きな壁があり、さらに具体的には、

- 文法力の進度を測るスケールがない。
- 学校教育に必ずしも適していない。
- 個人自己評価の項目が網羅的ではない。
- 機能的に学習するためのいくつかの重要項目が見落とされている[21]。
- CEFR が教員に十分に理解されていない。

（Morrow 2004a）

中等教育のシラバスと CEFR の調和に基づいた教材や指導法があれば、生徒の学習成果があがり、教員の仕事も簡素化されるという利点が示されるべきである。

また、CEFR は複雑すぎるため、使用のためのガイダンス、指導計画やテスト作成を担う教務関係者、教員指導、実際に指導できる教員などが急速に必要とされる。さらに、使われている言葉が理解しにくく、全体が見

---

20 ヨーロッパ言語学習記録帳と訳される。この学習記録帳を使えば、広い意味での言語のあらゆる種類の学習体験を自己報告することで、学習者の複言語的な能力発達の道程を記録にとどめることができる。これがなければ、それらの言語能力や言語学習体験は証明もされなければ認知もされずに終わってしまうであろう。学習記録帳は、学習者が自身の使える言語全部についてその最新の熟達度を恒久的に自己評価し、記録することを進めるものである。その際、そうした記録の信憑性は重要であり、責任をもってかつ明確な形で記入されなければならない。こうした場合に CEFR の参照は特に貴重な助けになる。Language Passport, Language Biography, Dossier の 3 つの部分からなる。（CEFR 日本語版　p.20 より）

21 A2 レベルにおいて、I can ask for and give direction. I can order something to eat and drink. など 'can' について学ぶ際に、申し出を受ける／断る、アドバイスを与えるなど実用的部分を教員がシラバスを作成しアレンジする必要がある。

えてこないので、包括的な能力の発展に結びつかないとされている。CEFRは行くべき道を標すのではなく、地形図の詳細を示すのであるとその導入部分で述べているが、CEFRに潜む問題は、その地形図があまりにも詳細すぎて、常に木から森が見えないかもしれないことだ。少なくとも溝にはまることだけは避けるべきだ。

実際にCEFRは機能しているのだろうか。*Surveying the Use of the Common European Framework of Reference for Languages* (Council of Europe 2005) や、*Insights from the Common European Framework* (Morrow 2004a) において、現場における指導者が抱えるCEFR実践についてのさまざまな苦悩が紹介されている。現場の指導者たちの意見の多くは、「CEFRは言語研究者たちによる机上の理論であり、現場で実践的に活用できない」というものである。また、Bergmann（2002）はCEFRに対し全面的批判を行なっている。「論理的一貫性に欠けており、実践的使用に関して疑わしい」とし、CEFRの著者がドイツ語で書かれた専門文献を無視し、フランス語・英語のものを優先的に採用したことにも批判している。CEFRの重要性は理解されているのだが、実用に結びつけるためのアイデアがないというのが現場教員の評価であった。

学校教育現場での諸問題を解決するひとつの手立てとして、Council of Europeは、オーストリアのGrazにある研修所（European Centre for Modern Language）で、Workshop（指導者研修）を定期的に実施している。Threshold Level (1990)の執筆者である、J.L.M.Trimが、2005年9月に行なった講義："The Role of the Common European Framework of Reference for Languages in Teacher Training"[22]においては、学校教育における理論と実践のギャップに関し、CEFRが職業的選択志向を持っていたことにより、現場の指導者から「CEFRは学校教育においての指導に適応せず、結局のところ、現場でCEFR用のシラバス・教材を作成しなければならない」というアンケート調査の結果から、学校教育に適応した参

22 www.ecml.at.trim_CEFR_2005916

照枠の必要が求められていたことが推測されるとし、"A Common European Framework of Reference for Languages of School Education" の開発について言及していたが、実現はしていない。

Byram（1997）は、自らが CEFR の作成に関与しているにも関わらず、その問題点をあげている。

- 実際の文化や言語を越えたコミュニケーションや言葉のやり取りの複雑さなどが解決されていない。
- ６レベルにより、学習者の能力を誤って伝える可能性があり、簡素化のリスクがある。

また、Little（2006）は、共通参照枠のスケールの範囲が不明瞭であるとし、「具体的に Global-scales を支えるための Sub-scales が必要となる」としている。では、日本の英語教育では、CEFR はどのように活用できるのであろうか。森本（2012）は、中学校英語教育における CEFR の応用取り組みの事例を挙げている。CEFR の６レベルの指標をもとにシラバスと教材を作成するのみならず、ELP を活用することにより、生徒が自らの英語学習履歴を確認し、達成感を味わっており、自発的に言語学習に取り組む姿勢が育成できたとして成功例を述べている。しかし、CEFR の示す 6 段階のレベルの枠組みを日本の英語教育にあてはめようとするとき、それで必要十分なのであろうか。Byram（1997）も述べている通り、「６つの段階では尺度が粗すぎて使い勝手が悪い。」また、能力記述文（descriptor）は「～ができる」という Can-Do の形で示されているが、記述が非常に一般的でしかなく具体性に欠ける。特に、英語がほとんど使われない日本の教室や社会環境では、「～ができる」かどうかの判断は難しいし、コミュニケーション能力といってもどのように扱うのか不明である。CEFR のもつ基準の共通性は維持しながらも、日本の社会文化及び英語教育のコンテクストに合うようにするにはどのようにすれば良いのだろうか。すでに、

CEFR-J として CEFR の 6 レベルが 12 レベルに細分化されたスケールが日本の英語教育において浸透しつつあるが、具体的に運用能力を測るのは EFL 環境では課題が残る。日本のような EFL 環境では、特に日常生活のなかで現実的に英語を使用する場面に遭遇するのは難しい。そうであるならば、学校生活において教科学習を通して言語を使用する学習方法はどうであろうか。教科学習であれば、すでに学習した知識を活かし「何ができるか」を明示しやすいのではないだろうか。CEFR を導入する学校教育現場の苦悩から生まれた具体的指導法のひとつが CLIL なのである。

4. CLIL とは

4.1 他教科と外国語学習

CLIL が提唱される以前から、他教科の学習内容を外国語学習に活用することの有効性については語られてきた。

Widdowson (1978) は、段階的接近法 (Gradual Approximation) を提唱する中で、外国語（以下、英語）の授業に他教科の題材を取り入れることの利点を主張している。中等教育では言語学として英語を教えるのでなく、現実体験により構成された学習者の頭の中の世界を題材にして英語を教えるのである以上、日常生活だけでなく、学習者が学ぶ地理・歴史・自然科学なども題材にするほうが、学習者に英語を学ぶ意義を伝えやすいし、モチベーションも高まるとしている。実際、羽鳥・松畑（1980）も、日本の中学１・２年生が英語を嫌いになる理由として、英語の内容が幼稚でつまらないことを挙げている。さらに、EU の FLT（Foreign Language Teaching）政策の教育プログラム(European Dimension) でも「他教科とのコラボレーションによる文化的自覚の重要性」を述べている (Byram 1997)。

コミュニケーション能力の養成は、英語教育の大きな目的のひとつであることは疑いないが、具体的には、「意味のある Discourse を話したり書いたりできる能力」を養成することであろう。そのためには、Content-Based（内容中心）に教えることは効果的であろうし、その内容には当然他教科の題材が入ってくることになる。さらに、リーディングでは Discourse Markers が英文の Coherence（首尾一貫性）に大きく寄与していることを学習者に自覚させたり、ライティングでも、内容のある英文を Transitional Expressions（つなぎ語句）を効果的に使用することで、自分の言いたいことをより明確に伝えるというコミュニケーション能力の養成が主眼になるが、この場合でも、学習者にとって興味のある題材を広く他の教科に求めることは効果的である。

他教科とのコラボレーションにより、具体的にどのように効果的な英語指導が考えられるのか、CLIL 以前の考え方として、バイリンガル教育の教授法として導入された Content-based Approach[23]を念頭に他教科とのコラボレーションによる英語指導の効果と問題点が以下のように挙げられる。

1）なぜ効果的なのか

・学習者のモチベーションが上がる
・英語学習の意義・目的を学習者が理解できる
・文化的自覚（他国・自国）

2）問題点は何か

・教員側の幅広い知識が要求される
・他教科のシラバスとその進捗状況の確認

この時点では、他教科とのコラボレーションとは英語教員が授業を行うのではなく、他教科の教員が英語で授業を行うという考えであり、イマージョン教育と重なる部分がある。

また、どのような教科とのコラボレーションが効果的か（どの領域に効果的か）について、Widdowson（1978）は、次のように述べている。現在の CLIL 指導のコンセプトと重なる部分がある。

---

23 主に、バイリンガル教育において行われた指導法である。

・自国・他国を知る（歴史、地理、公民、文化等）
・論理的思考の構築（自然科学の基礎知識：光合成、食物連鎖等）

4.2 CLIL と 4 つの C

CLIL は、1994 年頃からヨーロッパを中心に使われている用語で、CEFR の理念に基づいた、言葉と教科内容を同時に教えることを目的とした外国語教育の原理であり、特にヨーロッパの外国語教育にかかわる研究者や教員を中心に 2000 年後半以降盛んに実践され、多くの研究が行われているテーマのひとつである。CLIL の体系的な研究は今もなお進行中であるが、Mehisto, Marsh & Frigols（2008）は、CLIL の具体的な導入例や指導法を現場の教師向けに提示している。また、Coyle, Hood & Marsh（2010）は、CLIL の背景、理論、原理、実践をわかりやすく解説した、最初の体系化した研究書であるといえる（図２）。

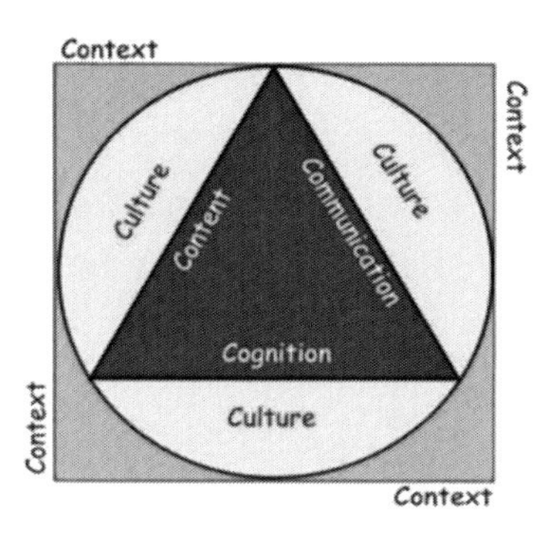

図２：CLIL のイメージ　(Coyle , Hood, & Marsh, 2010 p.41)

CLIL の掲げる原理は、「使いながら学び、学びながら使う」（Learn as you use, use as you learn", Mehisto, Marsh & Frigols 2008）であり、その方法論として、Coyle & Marsh （2010）によれば、内容（Content）、言語（Communication）、思考（Cognition）、協学（Culture）を有機的に結びつけ、この枠組みに即して教材を作り、授業案を考え、指導を行うことによる相乗効果（synergy）により高品質の教育が実現されるとされている。さらに、池田・渡部・和泉（2016）は、CLIL の４つの C（Content, Communication, Cognition, and Culture）と言語の役割を図３のように示している。

図３：CLIL４Cs と言語の役割　（池田・渡部・和泉 2016 p.3）

内容と語学の組み合わせという発想は、イマージョン教育と重なる点があるが、和泉・池田・渡部（2012）によれば、イマージョン教育は、内容学習をしながら偶発的に英語力の向上を期待するのに対して、CLIL は語学力を計画的に高めるために、意図的に目標、内容、指導法、教材が選択され設計される点が異なるとしている（表３）。

表３：内容と語学の組み合わせに対する指導法の違い

	CBI	CLIL	イマージョン
学習目的	言語学習	言語学習・教科学習	教科学習
指導者	語学教師	語学教師・教科教師	教科教師
使用内容	主にトピック	トピック・教科	教科
評価対象	言語	言語・内容	内容

（和泉・池田・渡部 2012 p.4 より　Dale & Tanner, 2012 改）

和泉・池田・渡部（2012）は、CLT（Communicative Language Teaching）における CBI（Content-based Instruction）と CLIL の違いは、原理と技法のほとんどを共有しているとしながらも、英語という言語で考えるならば、CBI は、元来は 1980 年代のアメリカの学校において、SLA を背景に第二言語としての英語（ESL: English as a Second Language）を用いて学習する生徒をネイティブ教師が教えるためのものであったのに対し、CLIL は、1995 年に欧州協議会（Council of Europe）が出した「母語＋2 ヶ国語」を原則とする「ヨーロッパ市民」の育成を背景に、英語を外国語として用いる EFL 環境で主に非ネイティブ教師が授業を担当するということにある（図４）。

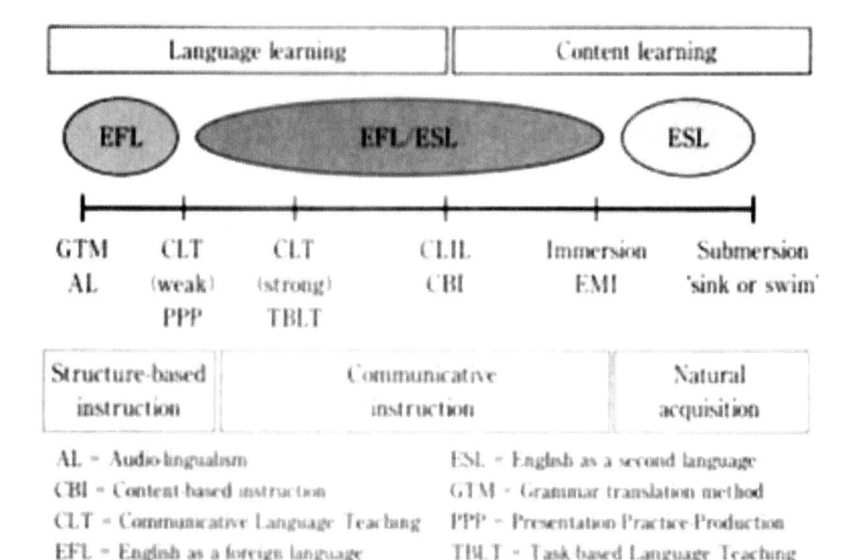

図４：CLIL の理論上の位置づけ　（和泉・池田・渡部 2012 p.2）

また、和泉（2016）は、form（言語形式）－meaning（意味）－function（場面）という言語学習の側面を考えれば、アメリカにおけるFocus on Formとヨーロッパにおける CLIL の理念は同じあると述べている。CLIL が高密度・高品質の授業を生み出す仕組みであると主張される一方で、その教育効果については、ヨーロッパを中心に、特に言語面での学習成果を測定する研究（主に語彙力やリスニング力への効果）が発表されているが、現時点では証明されていない。Meyer（2010）は、CLIL を経験している学習者と CLIL を経験していない学習者の違いを比較しており、言語スキルの習得においては CLIL 経験者の方が優れているが、学習内容の理解においては CLIL 経験者と非 CLIL 経験者の間に違いはないとしている。

しかし、CLIL の本格的な実践が始まってから 20 年程度しかたっていないため、実証研究の量が圧倒的に不足しているという理由が挙げられる。Bruton（2011）によれば、「そもそも現段階で CLIL を使って学んでいる生徒は学習意欲が高かったり、能力的に恵まれている場合が多いので、非 CLIL の生徒と比較しても意味がない」という研究法上の問題点を挙げている。なお、池田（2017）は、CLIL 的指導法と非 CLIL 的指導法の違いを以下のように分類している（表４）が、CLIL 指導が最善の方法というわけではないので、参考程度に留めたい。

Ball, Kelly, & Clegg（2015）は、CLIL の評価の特徴として、「evaluation：ある決められた基準に照らし合わせて測るよりも assessment：知識、スキル、態度、信念を明らかにする（学習者が行ったことを観察できる）こと」を挙げており、assessment for learning：形成的評価（自己評価、学習者同士の評価、課題達成評価、ポートフォリオなど）と assessment of learning：総合評価（学習達成度の評価）の両方が必要であるとし、継続的な調査の重要性を述べている。

表４：非 CLIL と CLIL の指導法の違い

非 CLIL 的指導法	CLIL 的指導法
教え込み (Instruction)	やり取り (Interaction)
独白的 (Monologic)	対話的 (Diaogic)
練習問題 (Exercise)	解決課題 (Task)
言語練習 Language practice)	言語使用 (Language use)
技能分離 (Skills segregation)	技能統合 (Skills Integration)
人工的 (Artificial)	真正的 (Authentic)
文脈なし (Out of context)	文脈あり (In context)
甘やかし (Spoon-feeding)	足場組 (Scaffolding)
反復 (Repetition)	思考 (Cognition)
低次思考的 (Lower-Order Thinking Skills)	高次思考力 (High-Order Thinking Skills)
言語習得 (Language acquisition)	言語活用 (Language activation)

（早稲田教育ブックレット No.17 p.12）

4.3 ヨーロッパにおける CLIL 実践

CLIL は 2008 年のヨーロッパ学校言語教育基本調査（Key Data on Teaching Languages at School in Europe 2008）によると、ほとんどのヨーロッパの国の教育の中に組み込まれていると笹島（2011 p.49）は報告している。

CLIL は EU の言語政策の一部であり、2002 年のヨーロッパ理事会で提出された「子どものときから 2 種類の外国語が教えられるべき（母語＋2 ヶ国語）」という要求に従い、ヨーロッパ委員会（European Commission）が CLIL を推進するメリットを掲げ推奨したことに起因する。ヨーロッパ学校言語教育基本調査（Key Data on Teaching Languages at School in Europe 2017）によると、目標言語の指導に小中学校で CLIL 導入されていない地域はおおまかに以下のようになる。

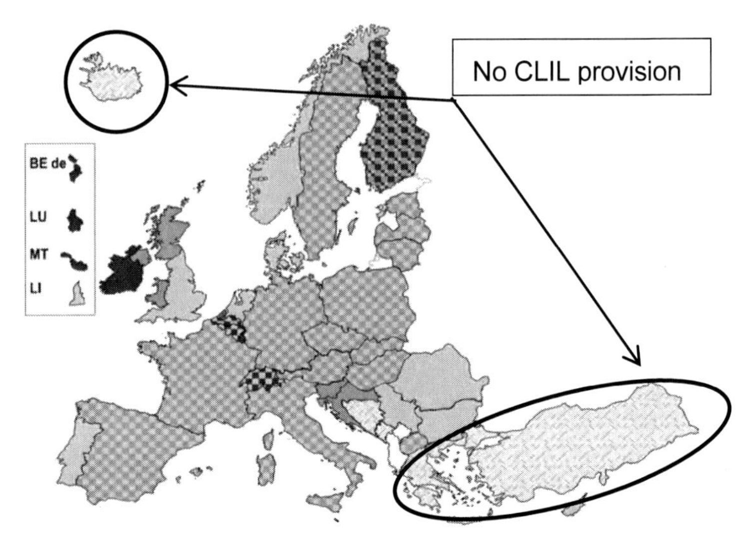

図５：2017 年ヨーロッパ学校言語教育基本調査[24]

（円、矢印は筆者が加筆）

2008 年の時点で、CLIL を実施していなかったキプロスとリヒテンシュタインが 2017 年には CLIL 導入に至っている。アイスランド、ギリシャ、トルコが現段階で CLIL を導入していない。

笹島（2011）は、ヨーロッパ（フィンランド、イタリア、スペイン）における CLIL の実践について詳しくレポートしている。学習者にとって、CLIL は決して重荷にならない学習法であるという一方で、指導者にとっては、特に教員養成や研修という問題がまだ解決されておらず、教師が授業準備に多くの時間を費やす、教える内容の知識が不足するなどの問題が

[24]https://webgate.ec.europa.eu/fpfis/mwikis/eurydice/images/0/06/KDL_2017_internet.pdf

生じているようである。フィンランドにおいては、教科指導の教員とは別に目標言語で教科内容を指導する CLIL 教員が存在する。さらに、CLIL 教員養成セミナーも制度化しており、CEFR に則した外国語教育が体系化していると考えられる（図６）。特にユバスキュラー大学等では学校教員養成課程において、CLIL 教育が提供できる教員養成のためのプログラムを設けている（渡部 2009）。

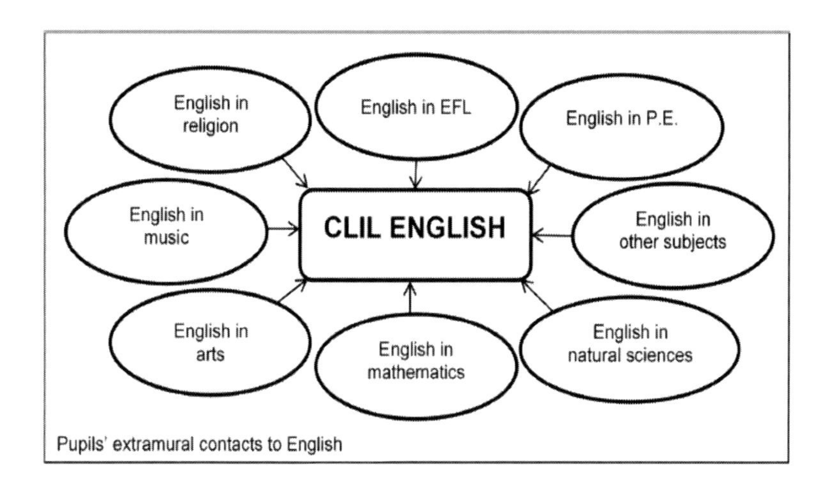

図６：CLIL in Finland　（Wewer 2014）

伊藤（2012）によると、フィンランドの外国語教育は多様性があり、小学校段階で A1 言語（第一外国語）と A2 言語（第二外国語）を学ぶことができる。A1 言語の学習は日本の小学校に相当する総合学校初等課程 3 年次から高等学校まで継続され、A2 言語の学習は原則として初等課程 5 年次から開始されるという。また、小学校の英語教育は以下のようなコースに分けられる。

1）English shower としての英語教育
2）A1 言語（第一外国語）としての英語教育
3）A2 言語（第二外国語）としての英語教育
4）CLIL としての英語教育
5）英語クラスでの英語教育（クラス単位での CLIL）
6）インターナショナル・スクールでの英語教育

図5で示したように、現在 CLIL はヨーロッパの初等教育において急速な拡大を見せていることがわかる。また、スペインにおいては、地域による母語における多様性により、公立学校を含め、英語とのバイリンガル教育を導入するケースが多い。その際の指導方法として CLIL を活用し、学習者の自律を目指した教育を推し進めているのである。

4.4 アジアにおける CLIL 実践

ヨーロッパとアジアでは言語事情は異なるが、英語が必要性の高いことばであるという認識は一致している。しかし、2018 年の段階でアジアにおける内容と言語を統合した学習は CLIL ではなく、バイリンガル教育あるいはイマージョンプログラムと考えられ、英語による授業（English medium instruction: EMI）、内容重視の授業（Content-based instruction: CBI）、早期言語教育（Early language leaning: ELL）とほぼ同様のアプローチとして理解されている可能性がある。

多言語主義であるマレーシアでは、2003 年から英語による理科・数学教育（Teaching Science and Mathematics in English: TESMI）が生徒の英語力を高めることを目的としてすべての学年段階で実施された。Yassin（2010）によると、これはマレーシア教育省による CLIL 政策と考えられるが、英語力の向上にのみ焦点を当てたことが原因で、「生徒の意欲を喚起し、興味をそそるような内容になっていなかった」、「教師の英語による発問のしかたに工夫がない」など CLIL 授業を実施するうえでの教師側の問題が浮き彫りになり、失敗に終わったことが報告されている。結果的にTESMIは廃止され、2012年から初等教育では理科や数学の授業をそれぞれの母語（マレー語、中国語、タミル語）で指導するという以前の状態に戻し、中等教育では基本的にマレー語で行い、後期中等教育（大学受験準備などを含む）では、主に英語で指導することになった。実際の授業にCLILの理念がうまく浸透しなかったと考えられる。

また、渡部（2009）によると、東アジアでも韓国、中国、台湾は英語教育開始学年をフィンランドと同様に初等学校3年としており小学校英語教育制度に相違はないものの、多くの課題を抱えているという。「英語を媒介語として教科指導を行うCLILは、現段階において英語教育熱が高い韓国の小学校英語教育においてでさえも容易に受け入れられない教育アプローチだ」と述べている[25]。

4.5 日本におけるCLIL実践

日本におけるCLILの実践はまだ多いとは言えないが、その認知度と実践数は急速に向上している。2017年には日本CLIL教育学会（J-CLIL）[26]が発足し、2022年12月現在で、北海道から九州まで６つの支部があり、小中高CLIL研究部を始め、多言語・日本語教育部門などが組織され、大学の教員のみならず、小・中・高の教員を含む会員を増やし全国に広がりつつある。笹島（2011）の当時の報告によれば、小学校１校、高等学校１校、大学2校における実践が紹介されていたが、2022年度の時点では、実際の数の集計は確認できていないが、日本CLIL教育学会をはじめとし、CLILをトピックにした研究会が各地で開催され、小学校から大学に至る

---

[25] 筆者は、2016年に台湾、2017年に韓国で開催されたPan-Pacific Association of Applied Linguistics（環太平洋応用言語学会）主催の学会においてCLILに関するポスター発表を行ったが、その際に「CLILとは何か」という基本的な定義に関する質問を多く受けた。アジアではCLILの概念はまだ浸透していないことを実感した。

[26] 2015年４月より笹島茂氏（現CLIL教員研修研究所長）を中心に活動してきた東洋英和CLIL研究会を発展改組し発足した。2022年12月現在、会長に池田真氏（上智大学）をおき、日本における言語教育の改善、発展に寄与するために活動している。

までCLIL実践の報告や研究発表が行われる機会が増えている。CLILは、「ことばの知識はことばを使う活動に重きを置くべきである」という授業であるため、「英語学習の動機付けとしてかなり有効な方法である」と授業実施者からの感想はあるが、学習者に対するその教育効果についてはまだ検証が必要とされる状況にある。上智大学では教育イノベーションプログラムの一環として、2008年から内容言語統一型英語教育プログラムを開発し、理論と方法、評価を含め、実践と応用に至るまで体系的なフレームワークを確立し、授業実践とあわせてフィードバックを重ねている。日本の外国語教育でCLILを導入する際の貴重なガイドラインになるものと考えられる。

日本においてのCLILは大学教育から始まったと考えられる一方で、CLILという名を使ってはいなかったが、小学校の英語教育（活動）においては、2009年の時点では自然な言語指導として内容言語統合学習はすでに行われていた。藤原（2012）は日本の小学校における内容言語統合学習（CLIL）の試みとして、小学校教員・小学校英語指導者を対象とした英語指導法セミナーの講師として聖学院小学校（私立）におけるこれまでの外国語活動の実践を報告している。「小学校教員と相談して適切な内容を選定し、教科書や教材をよく研究したうえで、児童が内容をよく理解でき、指導者や周りの児童と活発なコミュニケーションをとることのできる教材を独自に作成している」としており、これは、CLILの理念に一致している。小学校の1年生の生活科の学習で朝顔の栽培をして絵日記を付ける経験を活かし、朝顔の栽培過程の教材を作成し、英語の歌のリズムに内容をのせてCLIL授業を行っている。また、藤原・相羽（2015)は、小学校3年生の理科のチョウの学習に合わせて、チョウの一生についての英語授業も行っている。

仙台白百合学園小学校（私立）では、小学校1年生の算数で教科としてのCLIL指導を行っており、高度な指導内容と学習成果の実践例として報告されている（池田 2017)。CLILを扱う教科として、数学が論理的に理解しやすく指導に適していると Wewer (2014)は述べており、日本においては、教育開発出版（東京）が中学校の副教材として「新中学問題集」として数学の問題集を英語と日本語で出版している。その教材を使い都内の私立中学高等学校において 2015 年から年に3回特別セッションとして、数学を専門とし英語を母語とする教師による CLIL 授業を実施している。LOTS (Lower-Order Thinking Skills)から HOTS (High-Order Thinking Skills)[27]への展開が考慮された授業の実践と学習者の肯定的意見を生む成果が報告されている。

高等学校の CLIL 実践においても学会や研究会などでの報告がこの数年で増えている。小学校や中学校の実践例は私立学校においてのものが多いなか、高等学校においては公立学校における実践例が複数報告されている。高等学校は教科における科目の特性が活かせるため、CLIL は小中学校にくらべ導入しやすいのかもしれない。神奈川県立光陵高等学校（普通科）においては、「英語表現Ⅰ」の代替科目として設置された研究開発科目（文部科学省指定）の「グローバル・スタディーズ」を CLIL 型科目とし、2016 年より実践研究が開始した。また、東京都立西高等学校は、2015 年に「コミュニケーション英語Ⅱ」・「英語表現Ⅰ」の授業で CLIL 指導を導入し、授業に関する動機づけについて研究している。そのほか、埼玉県立和光国際高等学校は「生物の睡眠」を扱い、CLIL と協働学習の統合について実践報告をしており、大阪府立箕面高等学校も、「発展途上国の人々のライフスタイル」について問題解決のためのタスク活動を含めた授業の研究報告を行なっている。

高等教育における実践例は多く報告されているが、特徴ある実践例として、徳山工業高等専門学校が「工学系グローバル人材育成プログラム」として CLIL 指導の活用を ICT（Information and Communication Technology）活用の併用とともに試みている。また、中村学園短期大学食

[27] LOTS は下位思考スキルとして基本的な知識の習得や理解を指し、HOTS は上位思考スキルとして応用・分析・総合・評価に至るまでの思考スキルを指す。

物栄養学科では、「CLIL で学ぶ和食」として、実用栄養英語の習得と合わせ郷土料理を外国人に伝えるための英語のレシピ作りを行っている。

日本における CLIL の実践と研究は、2012 年以降、小学校から大学に至るまで多くの現場で行われているが、その成果が体系的にまとまってはいないのが現況であるといえよう。山野（2013）は、小学校英語活動における CLIL の実践と可能性について実践報告をしている。問題点として、CLIL の実践の難しさについて、1）指導案、教材作成にかかる労力の大きさ、2）児童にとって難しい内容の英語導入、3）思考活動を取り入れた授業を行う教員の不安の 3 点を挙げている。また、CLIL 研究の限界性として、事例の少なさ（児童、教員の人数、実践など）を挙げている。現在のところ、中学校の英語教育において継続的に CLIL 指導を授業に導入し、その実践と結果の統計分析及び考察をした研究は筆者の知る限りではまだ報告されていない。

第3章　目的

筆者は中等教育における 18 年間（1987 年～2006 年）の指導経験の中で経験則として「母語による教養（学習と知識の積み重ね）のもとに英語学習が維持され、学習者の自律が促されるのではないか」と感じていた。しかしその仮説を検証するような具体的指導方法に出会ったわけではない。コミュニカティブ・アプローチの重要性は感じつつも文法訳読法を捨てきれず、試行錯誤を重ねながら主観的に「良いだろう」と考える授業を行っていたに過ぎない。1990 年から 2000 年にかけ、『英語教育』（大修館）や教員研修などで紹介される海外からの輸入を含む多様な英語教授法を意識するようになり、以降、日本の EFL 環境下で、1）「教室が英語を使用する場となる」ことを実現し、2）「学習者の自律」を促す指導法を求めてきた。本書で扱う研究では、近年日本の英語教育の救世主のごとく紹介された Focus on Form に続く CLIL に注目し、その実践と可能性について調査・分析した結果を報告する。

具体的には、日本の中学校 2 年生の英語の授業において、可能な範囲でシラバスを参照した教科横断型英語学習（CLIL 系指導）の計画的な導入を一定期間行なうことにより、筆者自らの仮説を検証しながら、中学校の英語科教育における CLIL の実践は EFL 環境下で、1）学習者の自己評価に変化がみられるか否か、2）母語による教科学習の知識が英語学習に活かされるか否か、3）「教室が英語を使用する場となる」ことを実現するために貢献できるか否かを、中学校における英語科教育の問題点を提起しながら、教材研究や授業実践、内容と言語学習の自己評価、学習に関するアンケート調査などの結果分析・考察を重ね、その可能性を追求する。東京都私立 A 中学校の 2 年生を対象に 2013 年 10 月から 2016 年 3 月（追跡調査を含む）まで調査を行った。

1. 日本の中学校の問題点

今から約 40 年前、羽鳥・松畑（1980）が 1980 年に全国の中学生を対象とした英語学習実態調査結果では、英語を苦手だと感じるようになった時期は、中学校 1 年生の 1 学期から中学校 2 年生の 2 学期までの前半に多く、特に 2 年生の 1 学期に集中している。

この結果は、ベネッセの「中高生の英語学習の実態と意識に関する調査 2014」[28]の結果でも同様である。ベネッセの調査では、中学生の半数弱が英語が苦手であり、苦手になる時期には、「中 1 の前半」から「中 2 の後半」までにピークがあるとしている。これは約 40 年前の羽鳥・松畑（1980）の調査結果と変化がないということがわかる。

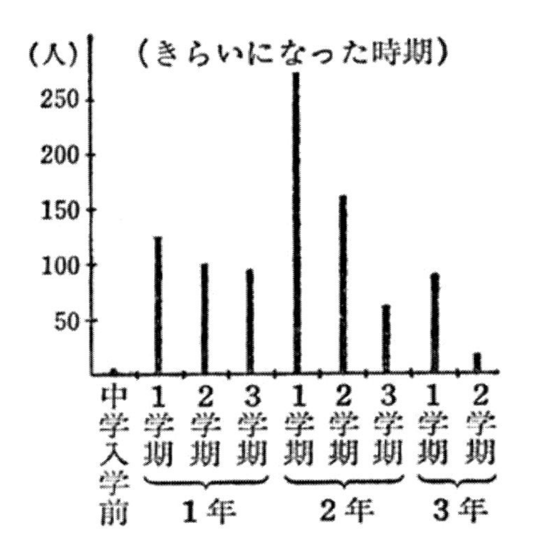

図 7： 英語がきらいになった時期　（羽鳥・松畑 1980 p.175）

---

28 ベネッセ教育総合研究所が 2014 年 3 月に全国の中学 1 年生から高校 3 年生 6294 名を対象に行った英語学習の実態と意識調査である。http://berd.benesse.jp/global/

嫌いになった原因としては「授業内容がわからない」「単語がわからない」「英語を勉強する意味がわからない」など「わからない」といった回答が多かった。中学校２年生の１学期に英語嫌いが増えた要因として考えられるのは、「先生がかわって発音や教え方がかわったから」という回答にもあるように、教師の教え方は生徒に与える影響が非常に大きいため責任と誠意をもって取り組むべき課題である。また、「英語を勉強する意味がわからない」という生徒に対して、教師が英語学習の目的などをはっきり理解させる必要も生じる。

表５：英語が嫌いになった原因

順位	嫌いになった原因	合計(名)
1	授業の内容がむずかしくなってわからなくなったから	382
2	先生の教え方が悪かった（先生がきらいだった）から	143
3	テストの成績が悪いから	90
4	単語の意味がわからない（おぼえられない）	62
5	授業が面白くない	47
6	家で勉強しなかったから（自分がまじめにやらなかったから）	43
7	先生がかわって発音や教え方がかわったから	33
8	やる気がない	28
9	１年の基礎ができていないまま進んでしまったから	27
10	日本人なのになぜ英語を勉強しなくてはならないのかわからなかったから	21
11	授業が速く進みすぎる	19
12	授業が頭のよい子中心である	14

（羽鳥・松畑 1980「学習者中心の英語教育」p.176 を参照し著者が作成）

羽鳥・松畑（1980）は、教師の「教えるべきもの」と学習者の「学びたいもの」が上手く釣り合っていることが理想であると述べている。いかに楽しく英語を学ばせるかが教師に求められるテクニックであり、「英語を好きになってもらうこと」が英語教師の重要な役目のひとつとしている。学習者にとって、まずは「よい教師との出会い」が学習向上に大きな影響を与えるといえよう。

具体的に学習上のつまずきは、どのような点にあるのか注目すると、前述のベネッセ教育総合研究所「中高生の英語学習の実態と意識に関する調査 2014」では、上位に「文法が難しい」が挙げられる。ただし、中学生よりも高校性に学習上のつまずきが多く、「英語を話すのが難しい」「英語の文を書くのが難しい」「毎週ある英語のテストのために勉強が大変」「英語を聞き取るのが難しい」では10ポイント以上の差が生じている。

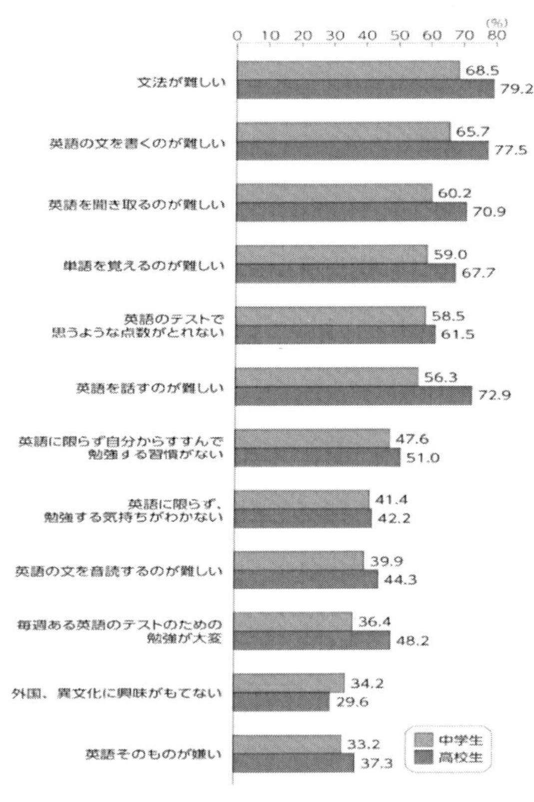

図 8：英語学習のつまずき

また、ベネッセ教育総合研究所の「中高の英語指導に関する実態調査2015」[29]では、教員の意識として、苦手意識やつまずきを感じている生徒の原因は、上位に「単語を覚えるのが苦手」が挙げられている。さらに、「学習習慣がついていない」が続く。中学校では「単語を覚えるのが苦手」「学習習慣がついていない」、高校では、「学習習慣がついていない」「文法事項が理解できていない」がそれぞれ上位に挙がっている。

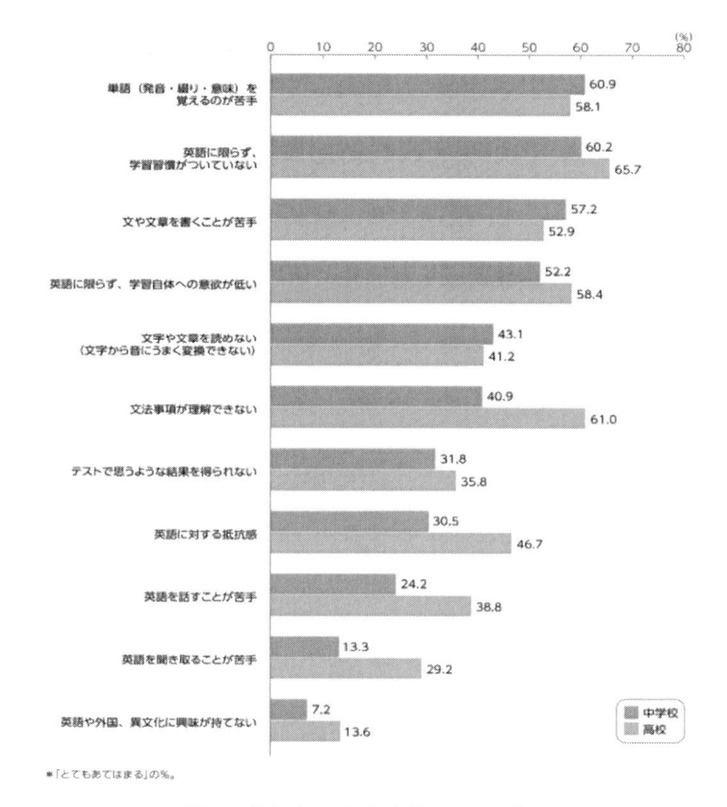

図９：教師から見た生徒のつまずき

---

[29] 2015年8月～9月に実施された中学校・高校の英語指導の実態と教員の意識調査である。全国の中高教員5,087名を対象に行われた。http://berd.benesse.jp/global/

以上のことから、約 40 年前より学習者が英語嫌いになる時期には変動がないということは、ここでは学習者の発達心理に触れないが、少なくとも英語科教育においては、学校の指導スタイルが変わっていないのではないかと推測できる。さらに、これらの調査のみならず、日本の英語教育の歴史を辿っても、英語学習のつまずきの原因として代表的に挙げられるのは、「文法」と「語彙」であり、日本の英語学習者にとって克服すべき項目である。「文法」と「語彙」は言語活動を行うために不可欠な言語材料であり、EFL 環境である日本人学習者にとって、外国語習得の土台となるものである。特に中学校では、「自立した英語使用者」になるための基盤として「文法」や「語彙」の学習は避けることができない。学習者が土台作りから苦手意識を持たずに英語学習に取り組めるように CLIL が貢献できるか否か、また、学習者が自らの学習：内容や言語（英語）の理解にどのような自己評価をもたらすのか、本書ではその答えを求めたい。

2. 教科横断型学習と読む活動

笹島（2011）は、イマージョンプログラムが広まるなかで 1970 年代に英国で行われた「カリキュラムを横断することばの教育(Language Across the Curriculum)」の実践は、「すべての教師が生徒の言葉の技術向上を図る必要性を認識するのに役立った」と報告している。さらに、この影響から「科目内容とことばが一緒に教えられ学ばれる必要があるという理解の高まりがますます進んだ」と述べている[30]。また、Kanazawa & Tominaga（2013）は、テクストのジャンルと未知語の類推ストラテジーの関係を調査した際、テクストの内容についての背景知識は、密接にストラテジーの選択に関係していることを示した。背景知識を利用して読む活動を行うことはスキーマの活性化に繋がることが明らかである。

本書で扱う調査では、中学校 2 年生の英語の授業において、可能な範囲

30 しかし、同時に「ふつうの第 2 言語指導だけでは適切な効果を達成していないということも明らかになりつつある」としている。

でシラバスを参照した教科横断型英語学習（CLIL 系指導）の計画的な導入を一定期間行うことにより、「母語による教養（学習と知識の積み重ね）のもとに英語学習が維持され、学習者の自律が促されるのではないか」という仮説の検証をするが、Communication のどの側面から検証するのかについては「読む」を選択した。理由としては、中学２年生の発達段階と日本の英語科教育の習得順序を考慮すると、英語学習においては基礎的な語彙や文法知識を習得するインプットの段階であり、文字を介した受信活動、つまり読む活動が適切であると判断した。本書では、読む活動をとおして母語による教科学習の知識が英語学習に活かされるか否かを求める。

CLIL は、４つの C：Content, Communication, Cognition, Culture を有機的に結び付けることにより、相乗効果を生む指導である。中学校２年生の段階で扱う各教科内容から、Culture に相当する期待が十分ではない。「協学」はできても、「国際理解」には至らない。また、Communication においては、４技能すべてを扱ってはいない。池田（2016）は、CLIL の授業設計において「４Cs の要素が一つでも欠けていれば、それは CLIL ではない」と述べているので、その上では、この研究で扱った指導は「CLIL とは言えない」であろう。しかし、「母語による教養（学習と知識の積み重ね）のもとに英語学習が維持され、学習者の自律が促されるのではないか」という仮説の検証の方法として、CLIL という指導法に基づき、授業の実践を計画した。実際には、教育現場の状況と研究の制限から、本来計画した CLIL 指導を十分に行うことができなった。そのため、授業の一部を利用した読む活動を中心とし、著者が授業に直接参加することができなかったので、指導にあたった教師も CLIL 指導を模索しながら授業を行った経過がある。その点を考慮して、本書で扱う指導、教材、活動については、CLIL 系指導、CLIL 系教材、CLIL 系読む活動としている。

3. CLIL の可能性

池田（2017）は、「英語を使用するための最良の方法は CLIL である」

と述べている。それに従い、日本の中学校における学習の発達段階及び教科横断型授業の構築を試みながら、CLIL の実践は教室をどのように「英語を使用する場」とすることができるのか、その可能性を求めたい。CLIL を経験することが、「学習者の自律」という CLIL の目的にどのように近づけるのか、学習者自身の学ぶ意欲をどのように引き出す可能性があるのかを、英語学習状況に関する自己評価アンケートの動向をもとに調査している。

自己評価アンケートは、中学校の観点別学習状況の評価基準表をもとに作成し、4つの観点[31]のうち、「関心・意欲・態度」に焦点をあて、質問を 20 項目作成した。この観点は、学習者の自主的・能動的活動に関する評価を与えるものである。このアンケート調査と CLIL 系読む活動の内容と言語（英語）に関する自己評価を分析し、中学校における CLIL 実践の可能性を求める。

本書では、「自律した学習者」を育成するために、1）日本の中学校英語教育の問題、2）教科横断型学習と読む活動、3）英語学習における CLIL の扱いをテーマとして、「母語による教養（学習と知識の積み重ね）のもとに英語学習が維持され、学習者の自律が促されるのではないか」という筆者の考えを背景として、日本の中学校英語教育の問題に CLIL という教育がどう役立つのかを考察し、その知見を得ることが目的である。

---

31 4つの観点とは、「関心・意欲・態度」の他、「思考・判断」、「技能・表現」、「知識・理解」が基本構成となる。これらの表現は、教科間で若干異なるが、学力の質はこの4つに対応している。

第4章　方法

1. 中学校における調査

1.1 調査対象

東京都私立A中学校（一貫校）2年生、習熟度別授業の上位クラスに属する生徒を対象とする。

A中学校は東京都内で中堅の私立学校であり、被験者は入学試験により選抜された生徒たちであるため、当初は下位クラスを対象とすることにより、公立中学校の一般的な中位クラスに近いデータが得られるのではないかと考えた。しかしながら、下位クラスにおいては、1）実験期間の途中で行われる定期試験（中間試験・期末試験）によりクラスメンバーの入替があり、2）パイロットテストとしてCLIL系指導を実践したところ、英語力及び他教科における学習知識もままならないので、指導が困難であると教員からの申し出があったため、学期途中でクラスメンバーの入替がない上位クラスを対象とすることになった。参考までに、実験群（上位クラス）の2014年5月当初のベネッセ実力試験による3教科（国語・数学・英語）の平均偏差値は、56.9である。統制群については、具体的な成績の数値を得ることはできなかったが、毎年クラス分けの基準を偏差値55前後としているということである。実験群と統制群における成績はほぼ同等であると解釈できる。

統制群と実験群の設定に関しては、教育現場における倫理的な問題を考慮し、年度の異なった生徒を対象とする。男女比については考慮していない。

・統制群：調査期間2013年10月～2014年3月

A中学校2013年度中学2年生　36名

（在籍38名　男20名　女18名）

・実験群：調査期間 2014 年 10 月～2015 年 3 月
A 中学校 2014 年度中学 2 年生　27 名
（在籍 35 名　男 15 名　女 20 名）

実験群においては CLIL 系指導の調査を 8 回実施しているため、調査を 1 回以上欠席した者をデータから除外しているので、結果として統制群と比較し人数が少なくなっている。また、実験群に関しては、27 名の被験者のうち 19 名に対し追調査を 2016 年 3 月に行った。

なお、以下のような特別な英語学習環境にあるものを除いた。

- 英語を母語・公用語とする外国での長い生活経験がある。
- 両親、または両親のどちらかが英語話者である。
- すべての調査に参加できなかった者。

1.2 指導者

A 中学校で実験群・統制群の英語授業を担当するのは、40 代の英語科教諭（女性）であり、実験群のクラス担任でもある。2016 年 3 月に実験群の追調査を終えるまでに、2012 年 12 月より打ち合わせを 9 回重ね、打ち合わせで補えない部分は、電子メールを利用しながら、CLIL の理念、調査の目的と方法などについて共通理解を図った。また、指導者は、この調査の結果は成績（評定）とは無関係であることを理解し、その旨を学習者に伝えており、この調査に対し学習者に意図的にコントロールをしないことを理解している。授業の流れについては、共通理解を得ているが、状況に合わせた判断は指導者に委ねた。

各調査終了後、指導者は調査用紙（CLIL 系教材及びアンケート用紙）を筆者に戻し、本来であれば、「添削－コメント－フィードバック」を行うべきであるが、本実験では、調査者（筆者）の添削介入は認められなかったため、フィードバックに関しては、指導者が教材のコピーを配布し、クラス全体に一斉に行う（内容解説）のみに留まった[32]。

1.3 教材の作成

1.3.1 学習内容の把握とトピックの選択

CLIL 系教材は、生徒の学習段階や背景知識を考慮しながら、活きた（authentic）材料を活用するのが基本である。A 中学校では、系統的なシラバスに沿って学習を進めているので、生徒が各教科でいつ何を学んでいるかが把握しやすい。学校行事や身近な体験（遠足や体育祭など）についても参考になるが、一部の生徒だけが体験したことや興味のあることに偏ることなく、全員が何を学習または体験したかということに注目し、クラス単位で参加する授業内容から教材のトピックを選択することにより、教科横断型学習をすすめる。たとえば、シラバスを参照し、第 1 学期 6 月３～４週目の中学校 2 年生の各教科における学習内容を抜粋してまとめると、表6のようになる。

授業が英語使用の場となるようなアクティビティを考える際、生徒の学習状況を把握することは大きな助けとなる。英語学習のみならず、他教科における学習内容に注目することは、学習者の身近な知識と経験を活かした統合的な学習に効果的であろう。また、中学校の学習段階では、インプットに重点をあて、読む活動か聞く活動が適当であると考えられる。ただし、聞く活動の場合、ALT などの協力があれば問題ないが、音声の加工などの授業準備が求められる。そのため、CLIL 系指導の初期段階としては、読む活動からはじめるのが妥当であろうと教科指導教員との合意に至った。

A 中学校 2 年次の各教科のシラバスに目を通し、トピック選択を行った。たとえば、理科の第 2 分野で「雲のでき方と水蒸気」を学習している。「雲」は比較的身近に経験的に学習できるものであるので、トピックの候補として挙げやすい。既習の英語で内容を理解し、英語に親しむことができ、興味をもって未知語の推測などに発展できる教材が理想的である。

---

32 これは、時間の関係を考慮した指導者からの提案であった。

表6：全教科シラバス（6月3～4週目）

教科	学習内容
英語	不定詞名詞的用法（～したい事）、不定詞副詞的用法（行動の目的、感情の原因） 職業を表す単語
数学	代数：連立方程式の利用（文字、数、値段、人数、速さに関する問題） 幾何：相似な図形（三角形の相似の証明）
国語	現代文：『雲』（山村暮鳥）印象的な表現に注目し、作者が伝えようとしていることを考える。 古典：『徒然草・二和寺にある法師』仮名遣いの理解。法師の訪ねた経路をたどることができたか。法師の失敗内容が理解できたか。
社会	歴史：武士の台頭と鎌倉幕府・鎌倉について班別学習　※鎌倉遠足
理科	第1分野：フレミングの左手の法則・電磁誘導と誘導電流 第2分野：天気とその変化・雲のでき方と水蒸気
体育	男子：バスケットボール（ルールを守ってゲームをすることができる） 女子：ソフトボール（ルールを守ってゲームをすることができる）
技家	技術：エクセル：VLOOKUP関数を利用した表とグラフの作成 家庭：（後期10月より）
美術	デザイン：防災ポスター（文字のレイアウト・下絵を考える）
音楽	歌唱：「ふるさと」混声3部（各パートの音取りの確認）

以下、各教科の学習時期と選択したトピックの一覧である。なお、2013年度と2014年度は全教科において教科書の改訂はなく、シラバスは同じものである。

表7：学習時期とトピック選択

月	トピック
9月	1. 雲でき方と水蒸気（理科） 2. 時間と距離（数学）
10月	3. 伊豆の踊り子（国語） 4. 豊臣秀吉天下統一（社会）
11月	5. 幼児のおもちゃ（家庭科） 6. 生物を作る細胞（理科）
12月	7. 文明開化（社会） 8. 図形の面積と確率（数学）

CLIL のトピックとして扱われる傾向にある理科・数学・社会については 2 回実施し、難易度を変えて教材を作成した。家庭科については、CEFR において、読む受容的活動（読むこと）におけるスキルとして Instruction（説明書）があるので、「おもちゃの作り方」をトピックとして扱った。authentic な教材として、Instruction（説明書）は実生活でも経験する可能性が高いと考えられる。国語は文学を扱ったが、内容を読み取るよりも、日本語と英語の違い（言語構造・形式）に気づくことを期待した。これは、新学習指導要領の改訂ポイントである「国語教育との連携を図り日本語の特徴や言語の豊かさに気付く指導の充実」を考慮した。

1.3.2 教材の作成

教材作成は、CLIL の 4 Cs を念頭に Content（内容）では教科横断型を意識した教科書の学習による基礎知識、Communication（言語）では語彙・文法・発音などの言語知識と 4 技能（聞く・読む・話す・書く）、Cognition（思考）では理解と応用、Culture（協学）ではペア活動やグループ活動などをとおした異文化理解や国際意識を考慮して作成した。4 技能に関しては、読む活動を中心としているが、オーラル・イントロダクションや問答をとおしてリスニングやスピーキングの機会も含まれる。Culture に関しては教科学習内容から国際意識・異文化理解の領域には至っていない。基本的な教材設計は以下のとおりである。

表 8：教材設計の基礎

Content （内容）	Communication （言語）	Cognition （思考）	Culture （協学）
各教科における既習内容	語彙・表現 読む活動	内容理解と考察	ペア活動 グループ活動

英文は実際に使用されている authentic なものを極力採用し、加工を最小限にとどめるため、英語圏の小学校の中～高学年の教科書レベルのもの

から英文を採用した。また、CLIL を主眼においたアクティビティのマニュアル Westermann 出版『*Starter CLIL Activity book for beginners: Geography, History, Sciences*』、Cambridge 出版『*CLIL Activities: A resource for subject and language teachers*』や *Clilstore*（http://multidict.net/clilstore/）のサイトなどでも、CEFR のスケールを参照しながら幅広いジャンルの内容を扱ったものがあるので活用できる。例えば、「雲」を扱ったサイトは、以下の通りである。題材によっては動画を扱ったものもあるので、聞く活動などにも活用できるであろう。

http://www.universetoday.com/46489/how-are-clouds-formed/
http://www.weatherquestions.com/How do clouds from.htm
http://www.metoffice.gov.uk/learning/clouds/what-re-clouds
http://www.youtube.com/watch?v=bZHymnnrSzc

以下の英文は、インターネットのサイト：weather WizKiz から採用したものである（下線は筆者が加筆し、太字は筆者が加工した）。

What are clouds?
A cloud is a large **collection** of very tiny **droplets of water** or ice crystals. The droplets are so small and light that they can **float** in the air.
How are clouds formed?
All air contains water, but near the ground it is usually in the **form** of an **invisible** gas called water vapor. When warm air rises, it **expands** and cools. Cool air can't hold as much water vapor as warm air, so some of the vapor **condenses** onto tiny pieces of dust that are floating in the air and forms a tiny droplet around each dust **particle**. When **billions of** these droplets come together they become a **visible** cloud.

(http://www.weatherwizkids.com/weather-crouds.htm より）

下線は、語彙や表現、文章構造に変更を加える部分であり、意味を加筆する未習語句は太字になっている。また、既習内容を考慮して、英文法、表現、語彙などに注意を払って加工してあるが、「i＋1」[33]の要素も残している。たとえば、ice crystals や water vapor の語彙や、so ～ that ...の構文を推測させるなどである。字体は、教科書とは異なる教材であり、さまざまな英文のスタイルに親しみを持たせるため、オリジナルの字体を採用している。以下は、加工したものである。

What are clouds?

A cloud is a large **collection**(集まり) of very small **drops of water**(水滴) or ice crystals. The drops are so small and light that they can **float**(浮く) in the air.

How are clouds formed?

All air holds water, but near the ground the water is usually in the **form**(形) of an **invisible**(目に見えない) gas. The name of the gas is water vapor. When warm air rises, it **expands**(ふくらむ) and cools. Cool air can't hold as much water vapor as warm air, so some of the vapor **condenses**(凝縮する) and gets on very small pieces of **dust**(ほこり) in the air. The vapor makes a very small drop around each dust **particle**(小さな粒). When **billions of**(何十億もの) these drops come together they become a **visible**(目に見える) cloud.（162words）

合わせて、ワークシートに内容と英語について自己評価をさせ、自らの意見や考えなどを記入させることにより、内容と言語の統合的な学習の動向分析に活用した。教科内容の理解、英語の理解については４段階評価にし、中間値を設けず統計処理に備えた。また、学習のふりかえりとして自由記述欄を設けた。なお、学習成績の評価には影響しないことを事前に学

33 クラシェンのインプット仮説。学習者の言語習得を促すには理解可能なインプットが求められ、学習者の発達段階を少しだけ超えた「i＋1」（アイプラスワン）の文法を含んだインプットを与えることが鍵になるとされる。

習者には伝えてある。以下示すのは、実際に使用した８つの教材である。

CLIL　＜1＞　雲ができるまで（理科）

Class(　　　)No.(　　　)Name(　　　　　　　　　　　　)

※　次の英文を読んで、＜ふりかえり＞をしてみましょう。

What are clouds?

A cloud is a large **collection** of very small **drops of water** or ice crystals. The drops are so small and light that they can **float** in the air.

How are clouds formed?

All air holds water, but near the ground the water is usually in the **form** of an **invisible** gas. The name of the gas is water vapor. When warm air rises, it **expands** and cools. Cool air can't hold as much water vapor as warm air, so some of the vapor **condenses** and gets on very small pieces of **dust** in the air. The vapor makes a very small drop around each dust **particle**. When **billions of** these drops come together they become a **visible** cloud.

＜ふりかえり＞

☆　自分に合うと思う番号に○をつけましょう。

・内容が：3）よくわかった　2）だいたいわかった　1）あまりわからなかった　0）全くわからなかった

・英語が：3）全てわかる　2）少しわからないところがある　1）ほとんどわからない　0）全くわからない

☆　自分の意見を書きましょう。

・空に浮かぶ雲を見て、どんなことを考えますか。

CLIL　<2>　時間と距離（数学）

Class (　　　) No. (　　　) Name (　　　　　　　　　　)

※　次の英文を読んで Question に答えて<ふりかえり>をしてみましょう。

計算する

Calculating <u>distance</u>, speed, and time

Example

安定した

Taro walked from his parents' farm into town at a steady speed of 5km/h. It took 3 hours. How far did Taro walk?

<Let's think! >

In the first hour he walked 5km.

After two hours he walked 10km.

After three hours he walked 15km.

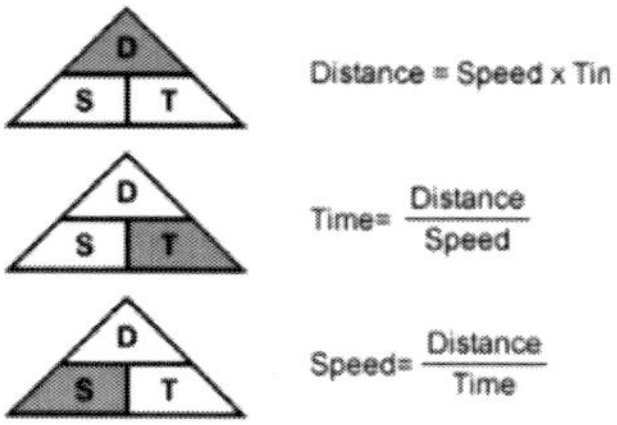

⇩

Distance = Speed x Time

⇒Distance = 5 x 3

⇒Distance = 15km ⇐ This is the **Answer**!

D / S T — Distance = Speed x Tin

D / S T — Time= $\frac{\text{Distance}}{\text{Speed}}$

D / S T — Speed= $\frac{\text{Distance}}{\text{Time}}$

Now you can try these questions.

Question 1

自転車で進む

Hanako cycles at an <u>average</u> speed of 8km/h. How far can she go if she cycles for 4 hours?

Answer ＿＿＿＿＿＿km

Question 2

Joanna <u>drive</u>s for 400km at an average speed of 80km/h. How long does it take?

Answer ＿＿＿＿＿＿hours

<ふりかえり>

☆　自分に合うと思う番号に○をつけましょう。

・内容が：3）よくわかった　2）だいたいわかった　1）あまりわからなかった　0）全くわからなかった

・英語が：3）全てわかる　2）少しわからないところがある　1）ほとんどわからない　0）全くわからない

☆　下線の引いてある次の単語の意味を想像して書いてみましょう。

distance：

average：

drive：

☆　英語で数学の問題を解くのはいかがでしたか？自分の意見を書いてみましょう。

CLIL ＜3＞ 伊豆の踊子（国語）

Class（　　　）No.（　　　）Name（　　　　　　　　　　　）

※　次の英文を読んで、＜ふりかえり＞をしてみましょう。

Dancing Girl in Izu

The "Dancing Girl in Izu" was a pure love story. The book was written by Kawabata Yasunari. He wrote the story about ten years after he traveled there as a high school student. The story is the most popular of his works. It **was brought to the screen** some times.

In this story, Kawabata met **a road company** and made friends with a teenage dancing girl of the group. He fell in love her, and she **probably** liked him, too. It was a book of pure story of **spring time**. The **following** is a small part of the story.

I had a seat face to face with the dancing girl. I felt so shy that I had no idea what to do. So I took **a roll** of tobacco out of the **sleeve** pocket of my kimono. There was an **ashtray** in front of another woman. The pretty girl took and put it **close** to me. I didn't say anything.

She looked about seventeen years old. Her hairstyle looked very old. I felt that it was a little strange to the young girl.

＜ふりかえり＞

☆　自分に合うと思う番号に○をつけましょう。

・内容が：3）よくわかった　2）だいたいわかった　1）あまりわからなかった　0）全くわからなかった

・英語が：3）全てわかる　2）少しわからないところがある　1）ほとんどわからない　0）全くわからない

☆　この英文を読んで、何か気づいた英語の表現や「面白いなぁ」と感じた箇所があったら、自由に書いてみましょう。

例）「伊豆の踊子」って"Dancing Girl in Izu"って英語で書くのか…。

☆　英語で小説を読むのはいかがでしたか？自分の感じたことを自由に書いてみましょう。

CLIL　＜4＞　秀吉の天下統一（社会）

Class（　　　）No.（　　　）Name（　　　　　　　　　　　　　　）

※　次の英文を読んで、＜ふりかえり＞をしてみましょう。

Toyotomi Hideyoshi's Unification of Japan

Toyotomi Hideyoshi **took over** the **unification** of Japan from Nobunaga. Hideyoshi built Osaka-jo castle as his **base**. He defeated Chosokabe Motochika in 1585, Shimazu Yoshihisa in 1587 and Hojo Ujimasa in 1590. Moreover, Date Masamune **gave in** to Hideyoshi. At last, he unified Japan.

Hedeyoshi started Taiko-kenchi in 1582 to rule the land and people. **As a result**, farmers had to pay **tributes** to samurai and they could not leave their land without **permission**. He also started Katana-gari in 1588 to take up **swords** and **spears** from farmers. They could not do Ikki any more. Kenchi and Katana-giri **divided** farmers from samurai and made up **feudalistic** class system.

＜ふりかえり＞

☆　自分に合うと思う番号に○をつけましょう。

・内容が：3）よくわかった　2）だいたいわかった　1）あまりわからなかった　0）全くわからなかった

・英語が：3）全てわかる　2）少しわからないところがある　1）ほとんどわからない　0）全くわからない

☆　英文を参考に、次の年表を作成してみましょう。日本語でも英語でも構いません。

year	event
1582	Hideyoshi started Taiko-kenchi.
（　①　）	（②　　　　　　　　　　）
1587	Hideyoshi defeated Shimazu Yoshihisa.
（　③　）	（④　　　　　　　　　　）
（　⑤　）	（⑥　　　　　　　　　　）

☆　自分の感じたことを何でも自由に書いてみましょう。

CLIL ＜5＞ 幼児のおもちゃ（家庭科）

Class (　　　) No. (　　　) Name (　　　　　　　　　　　　)

※ 次の英文を読んで、＜ふりかえり＞をしてみましょう。

Puppet Show

Babies **respond**(反応する) to color and **movement**(動き) from the first week of life. When they begin to show their **interest**(興味) in body parts, simple **puppets**(指人形) made from **rubber**(ゴム) gloves or socks will **please**(喜ばせる) them **surely**(きっと). They will love watching the puppets' movement and will **develop**(発達させる) their **imagination**(想像力).

Make Puppets from Rubber Gloves

Making puppets is a great art for children of all ages. Making them from old rubber gloves is so easy that children can enjoy it.

1. What you need:

rubber gloves, scissors, **glue**(接着剤), **decorations**(飾り物) such as **spangles**(スパンコール), buttons, **yarn**(毛糸), **marker pens**(マジックペン), etc.

2. Activity:

First, cut off the fingers from a pair of gloves. Next, tell your children to **decorate**(飾る) them with the glue and the decorations – two spangles for eyes, some of yarn for hair, a button for a nose and so on. Finally, tell t draw a mouth with a marker pen.

＜ふりかえり＞

☆ 自分に合うと思う番号に○をつけましょう。

・内容が：3）よくわかった 2）だいたいわかった 1）あまりわからなかった 0）全くわからなかった

・英語が：3）全てわかる 2）少しわからないところがある 1）ほとんどわからない 0）全くわからない

☆ 英文からどんな幼児用のおもちゃができるでしょうか。仕上がるおもちゃのイメージを描いてみましょう。

☆ この英文を読んで、何か気づいた英語の表現や「面白いなぁ」と感じたことがあったら、自由に書いてみましょう。

CLIL ＜6＞ 細胞のはじまり（理科）

Class（　　　）No.（　　　）Name（　　　　　　　　　　　　　　）

※　次の英文を読んで、＜ふりかえり＞をしてみましょう。

Cells are the Starting Point

All living **organisms** on Earth **are divided into cells**. Cells are the **basic structural unit** for all organisms. Cells are small **compartments**, and each cell is **biologically necessary** for an organism to live well. Living things may be **single-celled** organisms, or they may be **multi-celled** organisms such as a human

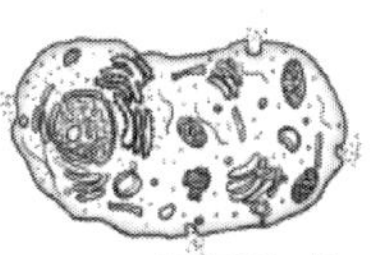

In larger organisms, the main **purpose** of a cell is to **organize**. Cells have **a variety of pieces** and each cell type has a different purpose. By **dividing responsibilities** among different groups of cells, it is easier for an organism to **survive** and grow.

If you have only one cell like a **paramecium**, you are limited and cannot grow any more. You have no **nervous system**, no **muscles** for movement, and using the Internet will be out of the question! The **trillions of** cells in your body make your way of life **possible**.

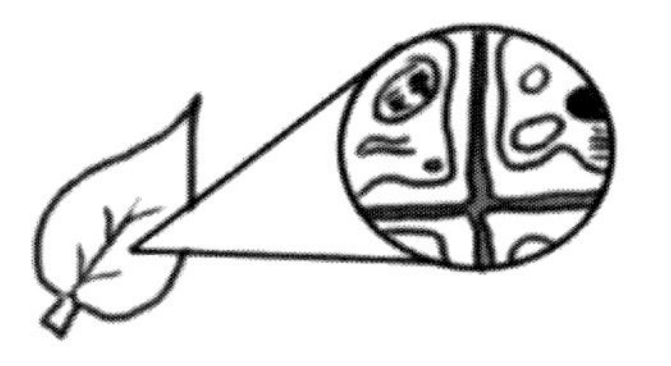

＜ふりかえり＞

☆　自分に合うと思う番号に○をつけましょう。

・内容が：3）よくわかった　2）だいたいわかった　1）あまりわからなかった　0）全くわからなかった

・英語が：3）全てわかる　2）少しわからないところがある　1）ほとんどわからない　0）全くわからない

☆　この英文を読んで、何か気づいたことや感じたことを自由に書いてみましょう。

CLIL ＜7＞ 文明開化（社会）

Class（　　　）No.（　　　）Name（　　　　　　　　　　　　　　　　）

※ 次の英文を読んで、＜ふりかえり＞をしてみましょう。

Civilization and Enlightenment

In the Meiji **era**, Japan **actively** took in **Western** cultures. **European** clothes, coats and hats became popular **instead of** traditional kimono. People began to eat meat. They built **brick buildings**, rode on **coaches** and jinrikisha (Human-powered cart), and put street lamps in large cities. A **railroad** started between Tokyo and Yokohama in 1872 and later between Kobe and Kyoto. **The solar calendar** was used in place of **the lunar calendar** in 1872.

Letterpress printing was also one of the big changes. People came to know the **modern thought** from Western countries by reading newspapers and magazines. For example, Fukuzawa Yukichi and Nakae Chomin **popularized** such thought. Yukichi wrote ***Encouragement of Learning*** *(Gakumon no Susume)*. Chomin **translated** and **published** *The* ***Social Contract*** *(Shakai Keiyakuron)* by **Rousseau**. Chomin **introduced** European **democracy**.

The **introduction** of European **institutions** and cultures changed people's lifestyle. This is called **Civilization and Enlightenment**.
(＝ 文明開化)

***ルソー：フランスの啓蒙思想家**

＜ふりかえり＞

☆ 自分に合うと思う番号に○をつけましょう。

・内容が：3）よくわかった　2）だいたいわかった　1）あまりわからなかった　0）全くわからなかった

・英語が：3）全てわかる　2）少しわからないところがある　1）ほとんどわからない　0）全くわからない

☆ この英文を読んで、何か気づいた英語の表現や「面白いなぁ」と感じた箇所があったら、自由に書いてみましょう。

（例）「文明開化」は英語で「文明と啓発」という単語で表すのか…。

☆ 文明開化について自分の意見を自由に書いてみましょう。

CLIL　＜8＞　図形の面積と確率（数学）

Class（　　　）No.（　　　）Name　　　　　　　　　　）

※　次の問題の正しい答えの記号を○で囲みましょう。＜ふりかえり＞をしてみましょう。

Choose the answer you think is best.

1. The base of a parallelogram is 50 km and its height is 50 km.

Area =（　　　）㎢

a) 500　　b) 100　　c) 2500

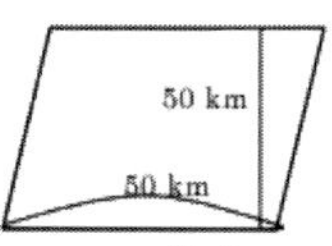

parallelogram

2. The height of a trapezoid is 5 cm, one base is 12 cm, and the other base is 6 cm.

Area =（　　　）㎠

a) 360　　b) 90　　c) 45

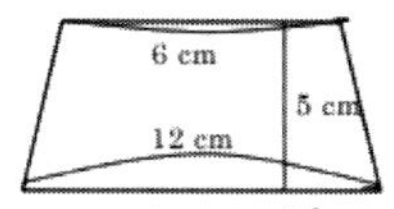

trapezoid

3. In a bag of candies, 1/5 are grape and 1/4 are strawberry. When you take one candy from the bag, what **fraction**（割合・確率） of the candies are **either**（どちらか一方の） grape **or** strawberry?

a) 2/9　　b) 3/9　　c) 2/20　　d) 9/20

＜ふりかえり＞

☆　自分に合うと思う番号に○をつけましょう。

・内容が：3）よくわかった　2）だいたいわかった　1）あまりわからなかった　0）全くわからなかった

・英語が：3）全てわかる　2）少しわからないところがある　1）ほとんどわからない　0）全くわからない

☆　次の単語の意味を想像して書いてみましょう。

parallelogram：	base：
trapezoid：	height:
area：	

☆　他教科で学習したことを英語で復習するのはいかがですか。何か感じたことがあったら、自由に書いてみましょう。

1.4 アンケートの作成

学習者の学習状況における動向を調査するためにアンケートを作成した。使用するアンケートは、中学校の学習指導要領における観点別学習状況の「関心・意欲・態度」に焦点をあて評価基準表の表現をもとに作成した（北尾・長瀬 2002)。平成 14（2002）年の学習指導要領の改訂で、「評定」を目標準拠評価（絶対評価）によって行うことになった。これまで以上に観点別評価を重視し、各教科の学力を次の 4 つの観点から評価することが基本となっている[34]。

1）関心・意欲・態度
2）思考・判断
3）技能・表現
4）知識・理解

観点は、一人の学習者をいろいろな角度からとらえるためのものである。学習者の内面は観点ごとに分かれているわけではないので、思考力の弱さを意欲によって補う場合のように、互いに補い合って統合されるのが実際の姿であろう。観点の中でも、「知識編重教育」と批判されることのないよう、「関心・意欲・態度」の評価を重視するという立場がとられている。また、「関心・意欲・態度」は学習者の自発的行動の変化を評価するものであり、「学習者の自律」を目指すものである。

調査項目は、実施に許される時間と生徒の集中できる時間（10～15 分程度）を想定し、「教室内の学習（授業内で)」で期待される項目と「教室外の学習（授業外で)」で期待される項目を最小限に選定し 10 項目ずつ組み入れ、全 20 項目で構成した。なお、「教室内の学習（授業内で)」で期待される項

---

[34] 新学習指導要領が 2020 年度に小学校で実施されたのを皮切りに、2021 年度に中学校、2022 年度に高等学校において評価軸は順次新しくなった。学習状況評価の 3 観点は「知識・技能」「思考・判断・表現」「主体的に学習に取り組む態度」となっている。

目は、その内容から、CLIL 4 Cs の Content（内容）・Communication（言語）の土台となる可能性があり、「教室外の学習（授業外で）」で期待される項目は、Cognition（思考）・Culture（協学）の土台となる可能性があると想定している。

質問の性質を精査し、「8. 英語の本や雑誌を読んだり、英語の手紙やメールを書いたりしたいと思っていますか。」と「17. 授業中、グループ学習などで友達と協力してコミュニケーション活動をしていますか。」を分類上入れ替えてある。

表 9：アンケートの質問内容と分類

分類	質問内容
教室内学習 Content Communication	1．あなたは熱心に英語学習に取り組んでいますか。 2．もっと英語ができるようになりたいと思っていますか。 3．教科書を使った学習に興味をもって積極的に取り組んでいますか。 4．新しく学んだ英語の文法や使い方を自分からすすんで理解しようとしていますか。 5．授業で学習した大切なところ（英語や話の内容など）が理解できていますか。 6．授業で学習した文法の仕組み説明でき、正しく使うことができますか。 7．わからない英語の意味や単語の発音を、自分で調べたり、先生に質問したりしていますか。 9．聞いた英語を理解し、英語で会話できるようになりたいと思っていますか。 10．学習したことをノートにまとめたり、プリントの整理をしていますか。 17．授業中、グループ学習などで友達と協力してコミュニケーション活動をしていますか。
教室外学習 Cognition Culture	8．英語の本や雑誌を読んだり、英語の手紙やメールを書いたりしたいと思っていますか。 11．日常生活の中で、学習した英語を生かしていますか。 12．家庭で、英語を使っている映画やテレビなど見ていますか。 13．英語で日記や手紙を書いたことがありますか。 14．外国の人や仲間同士で話す機会を見つけて、英語で対話していますか。 15．授業で興味を持った内容などについて、本を読んだり調べたりしていますか。 16．英語で書かれた本や新聞、インターネットのサイトなどを読んでいますか。 18．外国の異なる文化を理解すること（異文化理解）や国際的な問題や状況を理解すること（国際理解）に積極的だと思いますか。 19．自分の興味がある事（スポーツ・音楽など）に関する英語には積極的に取り組んでいると思いますか。 20．学校以外で、英語を使う、または英語が気になる機会が増えたと思いますか。

回答方法は、4 つの評価が与えられ、肯定的評価と否定的評価に二極化するようにし、中間値は設けていない。アンケートは CLIL 系指導を行う前と後に 2 回実施する。以下は、アンケートの一部を抜粋したものである。

英語学習の自己評価

（　）年（　）組（　）番　名前（　　　　　　　　）

これは、英語の授業の自分の英語学習をふり返るアンケートです。

あてはまる数字に○を付けましょう。

<記入例>　該当番号に○を付けてください。

朝、新聞を読んでいますか。

いつもそうです。	どちらかといえばそうです。	あまりそうではありません。	まったくそうではありません。
3	(2)	1	0

1．あなたは熱心に英語学習に取り組んでいますか。

3	2	1	0

2．もっと英語ができるようになりたいと思っていますか。

3	2	1	0

3．教科書を使った学習に興味をもって積極的に取り組んでいますか。

3	2	1	0

4．新しく学んだ英語の文法や使い方を自分からすすんで理解しようとしていますか。

3	2	1	0

5．授業で学習した大切なところ（英語や話の内容など）が理解できていますか。

3	2	1	0

6．授業で学習した文法の仕組み説明でき、正しく使うことができますか。

3	2	1	0

1.5 評価の方法

Ball, Kelly, & Clegg (2015) は、CLIL の評価の特徴として、assessment : 知識、スキル、態度、信念を明らかにする（学習者が行ったことを観察できる）ことを挙げており、assessment for learning : 形成的評価（自己評価、学習者同士の評価、課題達成評価、ポートフォリオなど）と assessment of learning : 総合評価（学習達成度の評価）の両方が必要であるとし、継続的な調査が必要だとしている。

形成的評価は、学習者の学習向上のために、自己評価・相互評価・課題達成評価などを重ねながら、学習者が指導を受ける中で自分の学習段階を知り、学習方法や活動をふりかえり、改善を加えながら目標達成を目指すものである（和泉 2016）。本書で扱う研究の CLIL 系教材と英語学習アンケートは、形成的評価を意識し、その一要素である自己評価を学習者が行うものである。

学習指導要領に基づいた観点別学習評価において「関心・意欲・態度」に関しては、その評価方法を観察法、作品法、評定法、自己評価法・相互評価法を挙げており、形成的評価の要素と重なっている。また、学習指導要領における「評定」とは、学期ごとの総合的な教科の成績であり、総合評価を意味していると解釈できよう。

「評定」は、測定しやすい「教科の知識」だけで評価するのではなく、観点別に学力を総合的に評価しようとするものである。知識を獲得しようとする関心・意欲・態度、知識を生かすための思考・判断、技能・表現などを総合的にとらえることによって生きる力としての学力を評価しようというのが文科省の考えである。総合的な判断に際して留意すべき点として、主に次の６つが挙げられる。

1）個人内評価的視点を大切にすること。
2）知識・理解や思考・判断などの認知活動と結びついた情意面に注目すること。
3）長い時間的スパンで評価すること。

さらに、学習者の自律を育成するためには、自己評価や相互評価（学習者同士の評価）が利用されることがあってもよいが、導入する場合には、学習者が十分な評価能力をもっているとは限らないので、次の点が考慮されなければならない。

4）文章記述と評定の２つの方法が考えられるが、できるだけ学習者の「生」の声を反映させるには文章記述を求めるのが望ましい。

5）特に、教師が学習者の自己評価について意見を述べ、対話を通して理解し合うことが大切である。

6）学習者が自己評価しやすい場を用意する必要がある。例えば、学習成果が具体的に確認できる場であるとか、自主的な学習の場である。

（北尾・長瀬 2002 pp.12-13）

表 10：観点別評価と評価方法の適合関係

観点 / 評価方法（用具）	関心・意欲・態度	思考・判断	技能・表現		知識・理解
			(1)	(2)	
① 観察法（行動，発言，発表，実技）	◎	○	○	◎	△
② 作品法（ノート，プリント，作品）	◎	○	◎	◎	△
③ 評定法（評定尺度，序列法など）	◎	○	○	◎	△
④ 自己評価法・相互評価法（自己評価票，自由記述）	◎	○	○	○	○
⑤ テスト法（ペーパーテスト）	△	○	◎	△	◎

（注）◎最も適した方法，○適した方法，△あまり適さない方法を示す。
技能・表現の（1）は読み・書き・計算・資料活用など，（2）は作品表現・実験・運動技能など。

（北尾・長瀬 2002 p.18）

前述した留意点の、「5）特に、教師が学習者の自己評価について意見を述べ、対話を通して理解し合うことが大切である」に関しては、著者の授業参加及び課題の添削などへの介入が認められなかったため実現できなかった。しかし、実験群の指導者は同時にクラス担任でもあったため、面談時等の対話を通して得た情報を寄せてもらった。フィードバックとしては、実施した教材のコピーを配布し、内容解説を行うのみとなった。

1.6 手順

1.6.1 実施計画

統制群は、2013 年 10 月に CLIL 系教材第 1 回目（雲ができるまで：理科）とアンケート調査（前）を実施し、2014 年 2 月に CLIL 系教材第2回目（図の面積：数学）、3月にアンケート調査（後）を実施した。

実験群は、2014 年 10 月～2015 年3月までに教科横断型学習を念頭に、全8回、各教科のシラバスを参考に既習の教科内容を反映した authentic な教材（約 100～150 語）を利用して読む活動（ペア・グループワークを含む）をし、自己評価をさせた。自己評価は内容と英語に関しそれぞれ4段階の評価をする。

表 11：実施計画

		統制群 2013 年 10 月～2014 年 3 月	実験群 2014 年 10 月～2015 年 3 月
1	10 月	雲ができるまで（理科） アンケート 1（前）	雲ができるまで（理科） アンケート 1（前）
2	10 月		距離と時間（数学）
3	10 月		伊豆の踊子（国語）
4	11 月		秀吉の天下統一（社会）
5	11 月		幼児のおもちゃ（家庭科）
6	12 月		細胞のはじまり（理科）
7	1 月		文明開化（社会）
8	2 月 3 月	図形の面積と確率（数学） アンケート 2（後）	図形の面積と確率（数学） アンケート 2（後）

※　追跡調査として、実験群に対し、2016 年 3 月に 3 回目のアンケートを実施した。

1.6.2 導入スタイル

実際のところ、中学校において CLIL 系指導を毎回の授業で扱うことは容易ではない。到達目標に従い教科書の進度予定にあわせた授業計画もあるので、英語指導教員と話し合いのうえ、各単元の学習に区切りがついた授業における warm-up などとして 10 分程度の CLIL 系読む活動を導入するのがよいとした。また、未知語や内容の解説に割く時間はあまり取れないだろうから、推測が難しい語彙や表現については簡単な補足を母語で行う程度に留め、生徒の自主的学習に任せる教材がよいとした。この場合の自主的学習にはペアやグループにおける話し合いの活動も含んでいる。他教科の内容に関しては、既習内容を扱ったトピックを選択して学習知識の応用が促されるようにし、教員も生徒もやるべき課題の多い教育現場において導入に無理のないスタイルを選択する必要がある。その点から考えても、中学校で継続的な CLIL 系指導ができる可能性は読む活動であるという合意に至った。

CLIL 指導にはさまざまな形態と方法があり、渡部・池田・和泉（2011）は、以下のようなバリエーションを提示している。中学校における CLIL 指導は、図 10 から考慮すると、英語教育のために（Soft CLIL）、定期的ではあるが少数回（Light CLIL）、授業の一部（Partial CLIL）で、日本語も交えつつ（Bilingual CLIL）行う、弱系 CLIL（Weak CLIL）のバリエーションを選択するとよいであろう。本調査における CLIL 導入のバリエーションは、Soft CLIL×Light CLIL×Partial CLIL×BilingualCLIL であり、Weak CLIL を採用している。

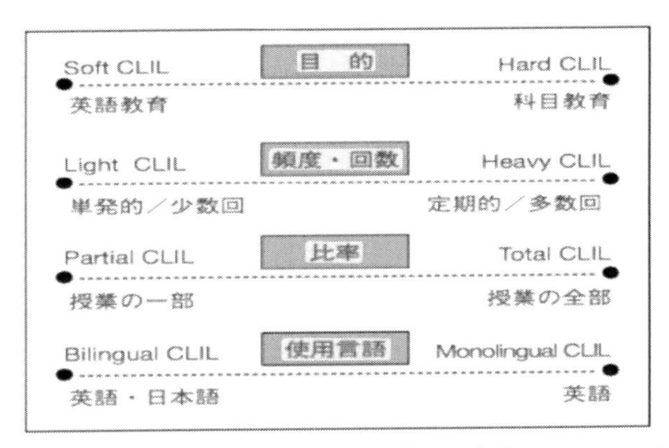

図 10：CLIL のバリエーション　（渡部・池田・和泉：2011 p.10 より）

1.6.3 指導案

実際には、英語学習において教科書の単元終了後のポスト活動として、または新しい単元の最初に warm-up として CLIL 系教材を活用し指導をした。筆者は授業の参加及びビデオ撮影などの許可がおりなかったため、実際の授業は学習者の様子がよくわかっている担当教論の授業に委ねた。授業実施にあたり、CLIL の概念や実施方法については綿密に打ち合わせをしているので、本質に揺るぎはない。各 50 分の授業のうち、10～15 分程度を所要時間とした（表 12 参照）。

表 12：基本的な CLIL 系指導の流れ

時間	学習内容	活動内容	指導上の留意点
1-2 分	導入 Oral Introduction	聞く活動 ペア/グループワーク	図・絵などからの理解がしやすい場合は特に教師からの導入を与えない。または、内容推測のための話し合いをさせる。
6-8 分	展開 内容理解 言語への気づき 問題解決	読む活動 （個人/ペア/グループ） ペア/グループワーク	状況に合わせ、教師の判断で活動スタイルを指示する。英語、または日本語による問答等。
3-5 分	まとめ ふりかえり	考察	成績に影響しないことを告げ、自由記述とする。

1.7 分析方法

本調査において、定量的、定性的を合わせた mixed methods で分析をすすめる。統計的分析で客観的に母集団における傾向を分析するのみならず、統計的分析では見えない被験者各々の特筆すべき点を質的分析で求めた。

1.7.1 統計的分析

実施された CLIL 系読む活動の「内容と言語（英語）の理解度」と「英

語学習状況（意欲・関心・態度）に関するアンケート調査」の自己評価を全て点数化（0〜3 点）し、主に t 検定を使ってその有意差を見出した。また、実験群においては、CLIL 系指導前と後のベネッセ実力テストの結果及び、言語学習に影響を与えるであろうエゴグラムの A と FC[35]の数値を利用し、その相関係数を出し分析した。

なお、t 検定及び相関係数を算出するに至るまでの、データの信頼性を精査するための処理（対応サンプルの検定や因子、変化量、分散分析など）は、統計を専門とする方にお願いした。

統計的分析にかけたものは、以下のとおりである。

- アンケート調査結果からみる自己評価の動向
- 学習傾向と自己評価の動向
- CLIL 系読む活動の内容及び英語の理解に関する動向
- CLIL 系読む活動の内容及び英語の理解に関する自己評価と成績
- エゴグラム（性格）が CLIL 系読む活動と成績に与える影響
- CLIL 系読む活動と自律要因
- 事後調査との比較

1.7.2 質的分析

統計的分析では、自己評価をもとに CLIL 系読む活動が学習者の学習意識や成績に与える影響について量的に調べる一方で、質的分析では、学習者がどのように内容と言語（英語）を理解し自己評価したのか、ベネッセの実力テスト結果、エゴグラム、英検などのデータをもとに、個人の学習状況について自律要因を見出しながら、各教科の視点から学習者に与える

35 エゴグラムとは交流分析における自我状態をもとに考察された性格診断法であり、人の心を 5 つの自我に分類している。A は情報を収集する客観性、FC は素直な感情表現を表し、言語学習に関わる要因とされている。第二言語習得ではパーソナリティ（性格）は言語自我（language ego）とよばれ言語発達に影響を与えるとされる。詳細については後述（p.66）する。

要因について分析した。実験群の被験者[36]を対象に実施された、CLIL 系読む活動及び自己評価アンケートにおける自由記述、合わせて教科兼クラス担任である教諭にインタヴューした内容を参考に分析をすすめた。

2. 教員を対象とした調査

CLIL を実施するには、「シラバスや教材作りなどの準備に時間がかかり、教員の負担が大きい」という否定的側面があると先行研究で述べた。布川（2006）は、日本の学校教育における教師の多忙感への関心が 1990 年代後半になって高まってきたと述べている。実際の調査を見ると、栃木県が 2009 年に発表した報告では、自分の職務について「忙しいと感じている」教師は全体の 94%にのぼり、平日２時間以上勤務時間外（退勤後も含む）に業務を行っている教師は、全体の 64%であることが分かった。また、教師の半数が「十分に睡眠時間をとれていない」「日常生活に不安を感じることが多くある」と答えていることが分かった。

しかし、中学校における CLIL の実践と可能性を追求するには、教員の授業に対する姿勢も影響を与える要因と考えられる。教員は CLIL 実践のために必要不可欠である。CLIL の可能性の考察のためのひとつの材料として情報を収集するため、2014 年に教員対象のアンケートを計画した。

2.1 調査対象

対象者は、関東の英語を担当する教員 43 名（小学校 6 名、中学 28 名、高校 8 名、中高一貫校 1 名）である。内訳は、2014 年 8 月にある私立大学で行われた教員免許更新講習の参加者 11 名（小学校 1 名、中学 10 名）と同年 12 月に行われた「とちぎ英語教育推進中核教員研修」の参加者 32 名（小学校 5 名、中学校 18 名、高校 8 名、中高一貫校 1 名）である。

---

36 第 4 章 1.1 参照。A 中学校 2014 年度中学 2 年生　27 名（在籍 35 名　男 15 名　女 20 名）

2.2 アンケートの作成

アンケートの質問項目は、笹島（2011）より、「教科を学ぶクラスでの外国語学習の支援」として、CLIL 教師の経験に基づいて作成された「CLIL 実践のアドバイス」を参考にした。質問項目数は 17 問で、実施時間（5〜10 分）を想定し、CLIL 指導に関連するものだけを選定した。回答は４段階のうちから１つを選択するようお願いした（表 13 参照）。

表 13：教員アンケートの質問内容

1．毎朝、新聞を読んでいますか。
2．生徒が英語を使いやすい学習環境作りを心がけている。
3．原則的に授業中は常に英語を使う。
4．生徒の英語使用の誤りには寛容である。
5．ティーチャー・トーク（話す速度や抑揚、繰り返しなど）を意識している。
6．生徒のレベルに合わせて適切な言葉を選んで使うようにしている。
7．内容を明確にするため授業中の表情やしぐさを意識している。
8．ピクチャーカードや図表などの教材を使う。
9．生徒の興味関心を引きつけることを意識している。
10. ALT や英語話者に授業に参加してもらう。
11. グループワークやペアワークなど生徒が積極的に活動する機会を提供している。
12. 文法指導よりも、コミュニケーション活動を優先している。
13. １回の授業の中で、４技能の活動を含める授業を意識している。
14. 授業以外で、学校で英語を使用する行事や掲示がある。
15. 生徒が他教科で何を学習しているのか意識している。
16. 学校外で生徒が英語を使用する機会（友人にメールを出すなど）を与えている。
17. ハンドアウトやプリントを生徒に合わせオリジナルで作成している。

2.3 手順

作成したアンケートを、2014 年度の８月以降、現職教員が教員免許更新講習や研修に集まる場所に出向き配布し、任意で回答してもらった。
質問があった場合に適切に回答できるように、著者が自ら出向き実施できる場所でのみアンケートを行った。講習が休憩時間に入る前の時間を頂いて研究概要とアンケートの扱いについて簡単に説明し、講習が終了するまでに任意で回答していただいた。回収したアンケートは項目ごとの回答を点数化し（最高値 3 点）、得点ごとの人数を集計した後に教員の所属ごとに分類した。この調査では、被験者の数が母集団について検討するには不十分だったので、文部科学省とベネッセの教員を対象として実施したアンケート結果との比較を行い、分析・考察をした。

2.4 分析方法

著者が実施したアンケートに関しては単純集計をして各項目における人数と割合について横帯グラフを用いて表し、肯定的回答と否定的回答について質的に分析をした。また、その結果をベネッセ教育総合研究所の「中高の英語指導に関する実態調査 2015」[37]及び、文部科学省の「平成 27 年度英語教育実施状況調査の結果概要」[38]を参照し、教師の授業に対する意識や指導観を質的に分析した。

[37] 2015 年 8 月～9 月に実施された中学校・高校の英語指導の実態と教員の意識調査である。全国の中高教員 5,087 名を対象に行われた。http://berd.benesse.jp/global/

[38] 文部科学省が平成 27 年 12 月に公立中学校 9,522 校を対象に実施した英語教育実施状況調査（中学校）。http://mext.go.jp 1369254_2_1.pdf

第5章　結果と分析

1. 中学校における統計的分析結果

1.1 アンケート調査結果からみる自己評価の動向

CLIL 系指導の有無は学習者の英語学習姿勢に関する自己評価に影響を与えるのだろうか。2014 年度に CLIL 系教材を使った学習を5か月にわたり8回継続して行った実験群と 2013 年度の 10 月と2月に2回のみ CLIL 系教材を扱った統制群において、学習者の学習状況に変化の相違があるか否かを観点別学習評価に基づいた「英語学習状況（意欲・関心・態度）に関するアンケート調査」の結果から検証した。

2013 年度及び 2014 年度の 10 月と3月に各々2回行われたアンケートの総合得点（最高値 60 点）の実験群、統制群それぞれの得点差を t 検定により分析した。結果は、以下のとおりである。

表 14：英語学習に関する自己評価アンケートの比較

統制群		実験群			
M	SD	M	SD	t 値	
3.639	4.596	1.222	6.477	1.704	†

†p< .10　* p < .05　** p < .01

実験群及び統制群に2回実施された自己評価によるアンケートの総合得点の変化量から得た結果では、統制群の得点の伸び幅が実験群の得点の伸び幅より高く、有意傾向にあることがわかる。得点上昇の平均値だけをみると、継続的に CLIL 系指導を行わなかった統制群の自己評価の方が上がったことになる。また、標準偏差からみても統制群の方が散らばりの度合いが小さく、この段階では、統制群の方が、つまり CLIL 系指導を経験しない方が、英語学習に対する自己評価が高くなったということになる。

CLIL 系指導が学習者の学習状況（意欲・関心・態度）に関する自己評価に影響を与えているという確証は得られなかった。

1.2 学習傾向と自己評価の動向

英語学習に関する自己評価アンケートの総合得点の差に有意差がないうえ、統制群の自己評価が高くなった結果を受け、さらに学習者の動向を理解するために、教室内の学習に期待される意欲・関心・態度に関する項目と、教室外の学習に期待される同項目に視点を置き、2 回実施されたアンケートの各々の総合点（最高値 30 点）の得点差を t 検定により分析した。

表 15：英語学習傾向別の自己評価アンケート合計点の変化量の比較

	統制群		実験群			
	M	SD	M	SD	t 値	
教室内学習	1.417	2.966	0.815	3.742	0.700	
教室外学習	2.222	3.334	0.407	3.402	2.085	*

* $p < .05$　** $p < .01$

教室内外学習の両側面において、統制群の方が得点差の平均が高く、得点差の散らばりの度合いも統制群の方が小さい。CLIL 系指導を継続しない統制群の方が全体的に 10 月から 3 月にかけて高い自己評価を与えていることになる。さらに、教室外学習に関する項目においては統制群の得点の伸びの差が、実験群の得点の伸び差よりも高いことに有意差が認められる。つまり、教室外学習に、決まった指導の量の多さは不要という解釈がこの段階ではできるかもしれない。

しかし、上記の結果を受け、統制群と実験群が置かれている環境に再度目を向けると、実際にアンケートを集計するうえで考慮しなければならない点があった。統制群はクラス担任と教科担任（英語）が異なる一方で、実験群はクラス担任と教科担任が同じであるという点である[39]。生徒の学

39 統制群も実験群も教科担当は同一教員である。

校生活（保護者との連絡等）を総合的に管理するのがクラス担任である。成績とは無関係であると伝えてあっても、クラス担任でもある教科担任に、英語学習に対する自分の好印象を与える傾向があったと推測され、初回のアンケートですでに高い自己評価を与えた可能性がある[40]。よって、教室内外学習の傾向別に自己評価アンケート合計（最高値 30 点）の CLIL 系指導開始前の絶対値の差の比較分析を行った。

表 16：CLIL 系指導前自己評価アンケートの学習傾向ごとの差

	統制群：CLIL 前		実験群：CLIL 前			
	M	SD	M	SD	t 値	
教室内学習	20.027	4.291	23.296	2.253	3.256	**
教室外学習	15.722	4.690	15.889	4.549	0.156	

* $p < .05$ ** $p < .01$

CLIL 系指導前のアンケートでは、教室内外学習両側面において、実験群の方が平均値が高く標準偏差の散らばりの程度も小さい。全体的に実験群の自己評価が初回実施時から高かったことがわかる[41]。教室内学習においては実験群の平均値の高さには高い有意差が認められた。つまり、自己評価に教室内における指導がすでに影響を与えており、英語学習においては教科担当とクラス担任が同一である方が学習姿勢に良い影響を与えるのではないかと考えられる。学習者の学習姿勢に影響を与える要因のひとつに「指導者」が挙げられる裏付けとなるかもしれない。一方で、両群は初めから質が異なるグループだと考えられ、統制群として妥当ではないとみなされるが、学校教育における倫理的条件からも、学習時期、学習内容、学年、3 科の成績など総合的に考慮し、統制群とみなしても差し支えない

40 2015 年 3 月にクラス担任でもある教科担当者にインタヴューしたところ、同様の傾向があることに同意を得た。

41 この結果から、初回アンケート調査から統制群と実験群の質が違っていたと考えられる。

であろうと判断した。

参考までに、CLIL 系指導後のアンケートでは、教室内学習に関する項目においては得点平均は実験群の方が高く（24.111）、有意差がある。CLIL 系指導前アンケートの結果より高い有意性はないが、全体の散らばりの程度をみると、実験群の方が小さい。CLIL 系指導前のアンケートにおける元の得点が高いので、顕著な得点差には結びつかないが、散らばりの程度が小さいので、全体的な自己評価の向上があったのではないかと考えられる。教室外学習に関する項目においては統制群の方が高い（17.944）が、有意傾向はない。

表 17：CLIL 系指導後アンケートの学習傾向ごとの差

	統制群：CLIL 後		実験群：CLIL 後			
	M	SD	M	SD	t 値	
教室内学習	21.444	4.896	24.111	3.359	2.394	*
教室外学習	17.944	2.689	16.296	3.588	1.498	

* $p < .05$ ** $p < .01$

実験群がクラス担任＝教科担任、統制群がクラス担任≠教科担任という異なる条件を考慮し、１回目のアンケートにおける教室内外学習傾向別の得点数の比較をすると、教室内学習においては、実験群の方が平均が「有意に高い」結果が出たということは、実験群においては、１回目に高い自己評価を出したため、得点の伸びしろが頭打ちになったと考えられる。時期をおいて実施された２回目のアンケートにおいては、教室内学習に関する項目では、伸びしろがなく、変化量において差はないが、有意傾向にはある。この結果から、CLIL 系指導が、実験群の教室内学習傾向に影響を与えたことはわかる。教室内学習に関する項目内容は表 18 のとおりであり、授業に取り組む姿勢や文法や語彙など直接英語の授業に関わる項目が挙げられているため、CLIL 系指導前後の２回の結果を比較しても、クラス担任＝教科担任の条件から意識的に高い評価を与えたのではないかと考えられる。ただし、CLIL 系指導の影響はクラス担任及び教科担任が与える影響なのかという解釈ができるかは不明である。

表 18：教室内学習に関わるアンケート項目

教室内学習 Content Communication	1．あなたは熱心に英語学習に取り組んでいますか。 2．もっと英語ができるようになりたいと思っていますか。 3．教科書を使った学習に興味をもって積極的に取り組んでいますか。 4．新しく学んだ英語の文法や使い方を自分からすすんで理解しようとしていますか。 5．授業で学習した大切なところ（英語や話の内容など）が理解できていますか。 6．授業で学習した文法の仕組み説明でき、正しく使うことができますか。 7．わからない英語の意味や単語の発音を、自分で調べたり、先生に質問したりしていますか。 9．聞いた英語を理解し、英語で会話できるようになりたいと思っていますか。 10．学習したことをノートにまとめたり、プリントの整理をしていますか。 17．授業中、グループ学習などで友達と協力してコミュニケーション活動をしていますか。

1.3 CLIL 系読む活動の内容及び英語の理解に関する動向

CLIL 系読む活動を続けることが、内容と言語（英語）に関する理解の自己評価に関しどのような影響を与えるのだろうか。1 回目（初回）と 8 回目（最終）の得点数（最高値 3 点）の伸びの差の平均値を t 検定で分析した。

表 19：CLIL 系読む活動における内容と英語の理解に関する自己評価の差

		統制群			実験群				
		初	終	差	初	終	差	t 値	
内容の自己評価	M	1.771	1.314	-0.457	1.370	2.333	0.963	5.645	***
	SD	0.636	0.854	1.104	0.777	0.544	0.744		
英語の自己評価	M	1.800	1.371	-0.429	2.000	2.333	0.333	3.347	**
	SD	0.576	0.831	1.050	0.544	0.471	0.544		

* $p < .05$　** $p < .01$　*** $p < .001$

得点数の差だけに目を向けると統制群の方が下がっているのがわかる（内容 -0.457、英語 -0.429）。また、散らばりの程度も実験群の方が小さく「内容が理解できた」か、「英語が理解できた」かという点では内容・英語ともに有意の差があると認められる。内容・英語の理解に関しては、CLIL 系読む活動が影響を与えていると考えられる。しかしながら、ここで考慮すべき点は教材のトピックである。初回（1 回目）は理科（雲ができるまで）を扱い、最後（８回目）は数学（面積と確率）である。Widdowson（1987）は、他教科を扱う場合には論理的思考の構築（自然科学の基礎知識：光合成、食物連鎖等）ができるものがよいとし、Wewer（2014）も CLIL を扱う教科として、数学が論理的に理解しやすく指導に適していると述べている。また、研究会などでも CLIL 指導のために扱われている教科は、理科や数学が多いことを考えると、1 回目と 8 回目の教材は、論理的思考により「内容が理解できた」ことが有効に働き、「英語が理解できた」かという点においては内容理解からの影響（スキーマの活性化）があったのではないかと考えられる。

1.4 CLIL 系読む活動における内容及び英語の理解に関する自己評価と成績

CLIL 系読む活動が「内容と英語の理解」に関する自己評価に有意差をもたらしたことは分かった。では、実際に、CLIL 系指導の継続は英語の実力に影響を与えるのであろうか。実験群における CLIL 系読む活動の内容・英語理解に関する自己評価の得点の伸びの差が、英語及び 3 教科総合（英・国・数）の成績に影響を与えているか分析した。内容及び英語理解に関する自己評価の得点（最高値 3）が CLIL 系読む活動 1 回目から 8 回目までに 1 点以上伸びた被験者の英語及び３教科総合の偏差値の平均値を t 検定にかけた。ただし、ここでは「他教科の力を借りて英語力を伸ばす」、「英語の力を借りて他教科を伸ばす」という解釈はない。英語及び 3 科総合の成績は、ベネッセ実力テストを参考にしている。この試験は、各学年3回（5月・9月・翌年1月）に実施されており、第2回目（9月実施）と第3回目（1月実施）の英語と3教科総合の偏差値をデータとして活用した。内容理解の自己評価得点の平均が上がった被験者は 27 名中8名、英語理解の自己評価得点の平均が上がった被験者は 10 名であった。また、内容理解、英語理解の両方において自己評価得点に伸びがあった被験者は6名であった。

表 20：内容・英語理解に関する自己評価の得点差（伸び）と成績

		英語実力				3科実力			
		2回目	3回目	t値		2回目	3回目	t値	
内容理解の得点差	M	61.35	62.74	0.568	n.s.	59.28	60.30	0.461	n.s.
	SD	4.974	3.836			1.716	3.119		
英語理解の得点差	M	60.93	62.1	0.580	n.s.	58.46	60.22	0.232	n.s.
	SD	4.989	3.739			2.605	3.368		
内容・英語の得点差	M	62.3	63.55	0.650	n.s.	59.71	61.08	0.419	n.s.
	SD	4.819	3.523			1.704	3.234		

n.s. ＝ no significance

英語の実力テスト及び3科の実力テストの結果は、ともに2回目より3回目の偏差値平均の方が高くなっているが、CLIL 系読む活動における内容理解・英語理解の自己評価の得点の伸びは、成績（実力テスト）の伸びには有意な差はないことがわかる。CLIL 系読む活動の自己評価が高くても、実力テストの成績の差には結びつかないことになる。

1.5 エゴグラム（性格）が CLIL 系読む活動と成績に与える影響

学習者要因研究においては、学習者の personality（個性）が外国語学習と密接な関係にあり、自己評価の度合いと外国語能力には強い相関があるという点（岡編 2011）から、性格が自己評価や成績に与える影響について調べた。A 中学校では、生徒指導に役立てる資料として、性格診断テストでは信頼性が高いといわれているエゴグラム調査を定期的に行っており、心の成長（心理的交流分析）の記録がある。エゴグラムには 5 つの指標があり、そのなかで、A（判断力・計画性）と FC（積極的・明朗快活）[42]が言語学習に影響を与えると考えられている。実験群において、性格が CLIL 系読む活動における自己評価、及び英語と 3 教科総合の成績に影響を与えるのかその相関を調べた。実験群のエゴグラムは、2014 年 11 月に行われたデータを対象とした[43]。

まずは、エゴグラム（A・FC）と英語及び 3 教科（英・国・数）の成績（ベネッセ実力テスト）の相関を調べた。

表 21：エゴグラム（A・FC）と英語及び 3 科（英・国・数）の成績の相関

	A	FC
英語	0.071	0.049
3 教科	0.082	0.066

* 0.4< r ≦ 0.7 **0.7 < r < 1.0[44]

エゴグラムの各要因 A と FC は英語の成績と相関はない。つまり、性格は中学校 2 年生の段階で成績とは関係がないということである。ただし、ここでは言語学習に関連するエゴグラム要因の A と FC を扱っているため、必ずしも性格が全ての学習の成績に無関係とは断言できない。つぎに、エゴグラムの各要因 A・FC と CLIL 系読む活動の 1 回目から 8 回目における内容と英語理解の自己評価の平均の相関を調べた。

---

42 エゴグラムは、50 問からなる性格適性検査で、他に CP（責任感・努力）NP（思いやり・優しさ）AC（我慢・協調）が挙げられる。奥村（1986）は学習者の性格と外国語学習を対象とした研究のなかで、自己肯定感を持つことで自我の境界を広げ、目標言語の話者との一体感を生むことを紹介している。

43 実験群の被験者は、2013 年 4 月、2013 年 11 月、2014 年 11 月にエゴグラム診断を受けている。約 50 項目にわたるアンケートに答えるものである。

44 相関係数を算出する際の有意確率は、**p<.01（1%水準で有意）であった。

表22：エゴグラム（A・FC）とCLIL系読む活動（内容・英語）の自己評価の相関

	A	FC
内容平均	0.377	0.078
英語平均	0.030	0.147

$* 0.4 < r \leqq 0.7$　$** 0.7 < r < 1.0$[45]

エゴグラムの要因A・FCとCLIL系読む活動における自己評価においても相関は見出せないが、有意水準から判断すると、エゴグラム要因Aと内容理解の自己評価（平均）が弱い相関傾向にあることがわかる（0.377）。Aはadultのイニシャルで、性格の傾向としては、1）高い情報収集力と分析力を持っている、2）客観的に考える、3）理論的・合理的に考える、4）現実的に考える、5）冷静沈着であるが挙げられる。この調査では被験者の数が27名と少なく、顕著な相関を示す結果にはならないが、エゴグラム要因A（判断力・計画性）が高いと内容理解の平均が高い傾向にあるということになり、被験者人数が多いほど相関がある傾向になりやすいことがうかがえる。

1.6 CLIL系読む活動と自律要因

学習指導要領のみならず、CEFRやCLILにおいてもその目的のひとつに「学習者の自律」があげられる。中学校の英語科教育において、学習者の自律を促す要因としていかにCLILが貢献できるであろうか。その可能性を探るため、CLIL系読む活動及び自己評価アンケートにおける自由記述から学習者の動向を分析する。

1）自律要因の定義

1回目から8回目までのCLIL系読む活動における自由記述を「学習者

---

45 相関係数を算出する際の有意確率は、**p<.01（1%水準で有意）、*p<.05（5%水準で有意）であった。

の自律」を促す要因を定義して分析する。自律の過程として中学生の発達段階を考慮し、「気づき」→「楽しい」→「またやりたい」の 3 段階を示唆するキーワードを筆者が新井（2000）を参考に抽出し、自由記述内容に検索をかけ、貢献する要因とそうでない要因に分類した。検索をかけたキーワードは以下のとおりである。

・ 気づき：「意外と」・「初めて」・「びっくり」・「驚き」・「知る」・「すごい」
・ 楽しい：「おもしろい」・「楽しい」・「簡単」・「よい/よかった」
・ またやりたい：「また」・「やりたい」・「つぎ」・「機会」

上記のキーワードを含まない記述においても、自律学習への貢献要因と考えられるものは抽出した。ただし、1 回目「雲ができるまで」においての自由記述は、「空に浮かぶ雲を見てどんなことを考えますか」とこちらでトピックを与えてしまったため、分析から外した。全ての自由記述に関しては巻末資料 C を参照のこと。さらに、抽出した自律に関わる要因を数値化し、英語及び 3 教科（英・国・数）の成績、英語得点の伸びの差、エゴグラム（A・FC）、英語学習に関する自己評価アンケートの結果の相関を調べる。

2）CLIL 系読む活動の自由記述における自律要因

1 回目から 8 回目までの CLIL 系読む活動においては、内容及び英語の理解に関する自己評価欄と自由記述欄を設けている。被験者が各 CLIL 系読む活動のトピックにおいて、自律要因として「気づき」→「楽しい」→「またやりたい」のいずれかの要因を含んでいるかを調べて単純集計した。以下のグラフは、各トピックにおいて、27 名中何名が自律要因を含む肯定的意見を持っていたかを表している。

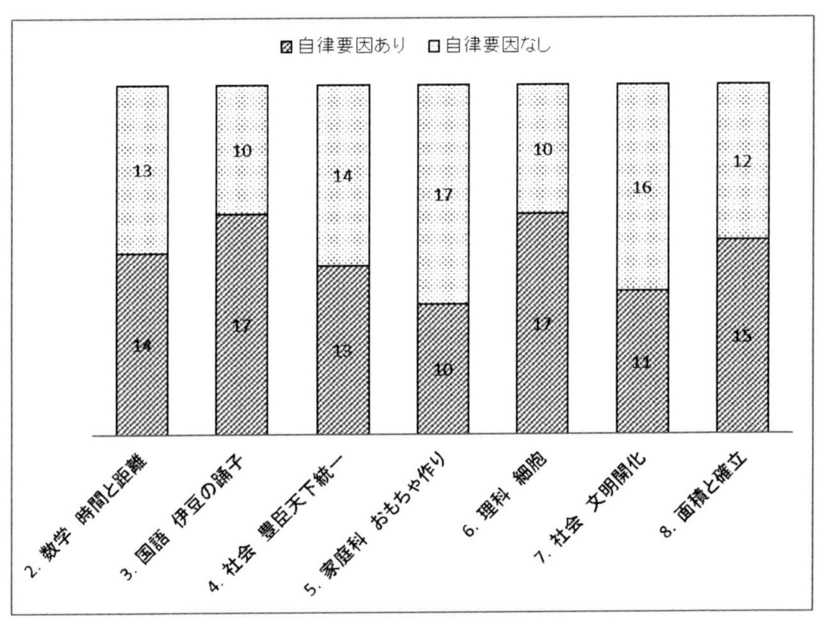

図 11：各トピックにおける自律学習を促す肯定的自由記述

さらに、以下のグラフは、被験者 27 名それぞれが 7 つのトピック（1 回目の「雲ができるまで」のトピックを外してある）のうちいくつのトピックに対し自律要因と考えられる肯定的意見を持ったかを示している。縦軸が CLIL 実施回数（最高値は 7 である）、横軸が被験者となっている[46]。

たとえば、被験者＃6 は、全ての CLIL 系読む活動において「気づき」→「楽しい」→「またやりたい」のいずれかの要因を含み、「自律学習」への可能性が高いと考察できるであろう。

[46]被験者は＃1～33 まで明記してあるが、全 8 回の CLIL 系読む活動に参加できなかった被験者を抜いてあるので、欠番が生じている。

図 12：各被験者の自律学習を促す肯定的自由記述

表 23 は、各トピックの被験者＃６の自由記述を抜粋したものである。

表 23：被験者＃６の自由記述

2	時間と距離（数学）	知っているような問題だったので簡単だった。英語がわかった。
3	伊豆の踊子（国語）	青春が spring time と書くことに驚きました。物語は過去形で書かれるんだなと思いました。
4	秀吉の天下統一（社会）	秀吉は歴史で習ったこと以外にも色々なことをやっていることがわかりました。
5	幼児のおもちゃ（家庭科）	rubber がゴムということを初めて知った。
6	細胞のはじまり（理科）	割り算の英語は divided by で分割されるも divided なのを初めて知りました。
7	文明開化（社会）	人力車は Human-powered cart ということを初めて知りました。やっぱり外国の進んだ文化を取り入れるのは良いことだと思いました。
8	面積と確率（数学）	数学は図だったら簡単ですが、文章題だと少し理解するのに時間がかかってしまいました。でも面白かったです。

なお、肯定的意見において以下の表現を使用している数を集計して単純に積み重ねた。

・ 気づき：「意外と」・「初めて」・「びっくり」・「驚き」・「知る」・「すごい」
・ 楽しい：「おもしろい」・「楽しい」・「簡単」・「よい/よかった」
・ またやりたい：「また」・「やりたい」・「つぎ」・「機会」

図 13 が示すように、各トピックの関心度を知る参考となる。グラフ上の数字は人数を示す。

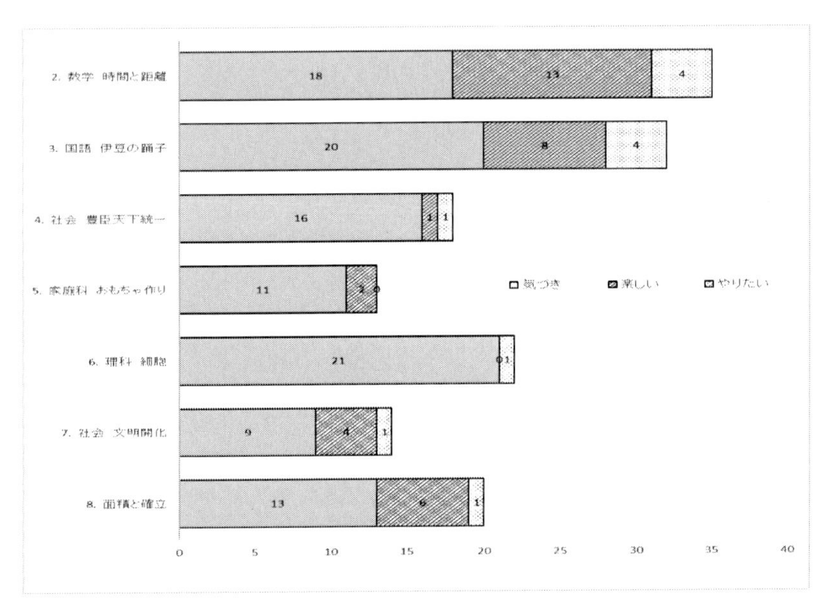

図 13：トピックの関心度

3）自律要因とエゴグラム、教室内外学習傾向の相関

自律要因は、エゴグラム（性格）や教室内外における学習傾向と相関があるのだろうか。自律要因が与える影響、または、自律要因に与えられる影響は何であるかを見出すきっかけとしたい。各被験者の自律要因を数値

化し、エゴグラム（A・FC）と英語学習状況に関する自己評価アンケートの結果の相関[47]を調べた。

表 24：自律要因とエゴグラム（A・FC）の相関

	A	FC
自律要因	0.108	0.329

* 0.4< r ≦ 0.7　**0.7 < r < 1.0

自律要因とエゴグラムに相関は見出せないが、自律要因と FC には相関傾向がみられる（0.329）。FC は free child のイニシャルで、１）明朗活発で自由奔放、２）好奇心が強い、３）発想が自由であり、創造力や空想力が豊かで、４）ユーモアセンスがあり、人を愉快にさせ、５）遊び上手で人生を楽しむことができるという。そのような性格を持ち得た人は、英語学習において、「またやりたい」、「楽しい」などと自律学習者へのきっかけを作り、積極的に取り組むことができる傾向にあるといえよう。自由な発想をする生徒は自律要因を見つけるのが上手いのかもしれない。柔軟な性格の人ほど学習で機転をきかせて工夫できるのではないだろうか。

表 25：自律要因と英語学習傾向別自己評価の相関

	教室内学習	教室外学習
自律要因	-0.178	0.241

* 0.4< r ≦ 0.7　**0.7 < r < 1.0

さらに、表 25 が示すように、自律要因と教室内外における英語学習傾向においても相関は見出せない。中学 2 年生という発達段階では、学習はインプットが多い時期であるから、自律的な学習意欲の高まりを求める段

47　相関係数を算出する際の有意確率は、**p<.01（1%水準で有意）、*p<.05（5%水準で有意）であった。

階ではないかもしれない。また、自律要因はあくまでも自己評価から判断する要因であるため、中学 2 年生という発達段階においては、学習成績などに結果がすぐ現れることを期待するのではなく、今後の学習者の動向に肯定的影響を与える一要因として期待できるものと考えられる。一方で、CLIL 系読む活動終了後に行った英語学習自己評価アンケートの結果とエゴグラムの相関を調べると以下のような結果になった。

表 26：エゴグラム（A・FC）と英語学習傾向の相関

	教室内学習	教室外学習
A	0.027	-0.284
FC	-0.047	0.458 *

* 0.4< r ≦ 0.7 **0.7 < r < 1.0[48]

エゴグラム要因Aと教室内における英語学習傾向の相関は見出せないが、ゴグラム要因 FC は、教室外における英語学習傾向と正の相関があるとわかる。FC は前述したように、積極的で明朗快活な要素である。好奇心が強く、発想が自由であり、創造力や空想力が豊かである。FC の得点が高ければ高いほど積極的・明朗快活であるとされているので、教室外における学習姿勢に相関関係があるということは経験則からも想定できる結果である。エゴグラム（性格）は成績に顕著な影響を及ぼすとは考えにくいが、学習姿勢に何らかの関係があるという裏づけを得たことは、教師が生徒を指導する際に大いに参考となる結果ではないだろうか。

1.7 事後調査との比較

本章 1.1 及び 1.2 の結果から、実験群に対して行った 8 回にわたる継続的な CLIL 系指導が教室内における英語学習傾向において有意差をもたら

---

48 相関係数を算出する際の有意確率は、**p<.01（1%水準で有意）、*p<.05（5%水準で有意）であった。

し、影響を与えたことがわかった。

実験群における CLIL 系指導は、被験者が中学 2 年次の 2014 年 10 月から始まり、2015 年 2 月に第 8 回目の指導を終え、英語学習自己評価アンケートを 3 月に行った。その後 1 年間、英語の授業でシラバスを参照した意識的な CLIL 系指導（教科横断型学習）は行っていない。そこで、CLIL 系指導を終えた 1 年後の 2016 年 3 月に、内容が同じ英語学習自己評価アンケートを実施し、その後の学習者にどのような変化があったかを調査した。中学 2 年次に 27 名であった実験群の被験者は、クラス替え、進路変更、短期海外研修などの理由により変動があり、3 年次 3 月の時点で追調査の対象となったのは 19 名であった。各項目の得点数を t 検定を用いて分析した。

表 27：CLIL 系指導終了 1 年後の英語学習傾向別の自己評価アンケートの比較

	2015 年 3 月		2016 年 3 月			
	M	SD	M	SD	t 値	
教室内学習	24.474	3.283	22.105	3.493	2.096	*
教室外学習	15.842	3.468	16.526	4.235	0.530	
Total	40.316	5.611	38.632	6.922	0.802	

$^{*}p < .05$　$^{**}p < .01$

CLIL 系指導を終えた 1 年後には、平均値だけで比較すると教室内学習に関する項目、及び Total（総合点）の自己評価が下がっている。特に教室内学習に関しては、有意に低下していることがわかる。2015 年 3 月のアンケート実施時点では、CLIL 系読む活動を全て（8 回）終えた直後に、教室内学習に関する自己評価の得点平均値の伸びは有意に高い結果が出ていたが、CLIL 系読む活動の継続が維持できなければ、学習効果を生む可能性は期待できないものと考えられる。

特に教室内学習に関するアンケート項目は、学校の授業に直接かかわる内容であり、授業に取り組む姿勢や文法や語彙など直接英語の授業に関わる項目である。クラス担任が英語担当教員である条件は変わっていないが、CLIL 系指導の影響とは必ずしも言えないし、中学校 3 年生の 3 月では、すでに進路も決定しており学習意欲の喪失も考えられる。一方で、教室外学習に関わる項目の得点の平均値は有意差はないものの数値だけみると上がっている。CLIL 系指導に関係なく学習者の成長とともに自己評価が上がっている可能性も考えられる。散らばりの度合いについては、若干の差があるが、1 年後の調査では大きくなっており、全体的な学習の定着が図られていないことがうかがえる。また、この中学校では 3 年生の 3 月から 4 週間、ニュージーランドへの短期留学に参加することを促しており、英語学習に意識の高い生徒が抜けている可能性もある。2014 年時点の実験群のクラスとは質の異なるクラスであると考えたほうが良いのかもしれない。

2. 中学校における質的分析結果

2.1 CLIL 系指導と学習者

8 回にわたって実施された CLIL 系教材には、学習活動の「ふりかえり」として以下のように英語と内容の理解について自己評価をする設問がある。

＜ふりかえり＞

☆　自分に合うと思う番号に○をつけましょう。

・内容が：3）よくわかった 2）だいたいわかった 1）あまりわからなかった 0）全くわからなかった

・英語が：3）全てわかる 2）少しわからないところがある 1）ほとんどわからない 0）全くわからない

各トピックに関する英語と内容の理解について自己評価の結果をまとめると表 28 のようになる。総じてどのトピックにおいても肯定的評価が多いことがわかり、英語・内容ともに理解度は高いと判断できるが、各学習者が CLIL 系読む活動をとおしてどのような観点から教材を見ているのか分析する。

表 28：英語と内容理解についての自己評価の割合

	英語				内容			
	3	2	1	0	3	2	1	0
1．理科 雲ができるまで	2名 (7%)	22名 (82%)	3名 (11%)	0名 (0%)	5名 (19%)	20名 (74%)	2名 (7%)	0名 (0%)
2．数学 時間と距離	7名 (26%)	19名 (70%)	1名 (4%)	0名 (0%)	19名 (70%)	7名 (26%)	1名 (4%)	0名 (0%)
3．国語 伊豆の踊子	4名 (15%)	22名 (81%)	1名 (4%)	0名 (0%)	12名 (44%)	14名 (52%)	1名 (4%)	0名 (0%)
4．社会 豊臣秀吉	1名 (4%)	25名 (92%)	1名 (4%)	0名 (0%)	9名 (33%)	15名 (56%)	3名 (11%)	0名 (0%)
5．家庭科 おもちゃ作り	3名 (11%)	22名 (82%)	2名 (7%)	0名 (0%)	9名 (33%)	15名 (56%)	2名 (7%)	1名 (4%)
6．理科 細胞のはじまり	2名 (8%)	23名 (85%)	2名 (7%)	0名 (0%)	3名 (11%)	16名 (59%)	8名 (30%)	0名 (0%)
7．社会 文明開化	4名 (15%)	21名 (78%)	2名 (7%)	0名 (0%)	9名 (33%)	16名 (59%)	1名 (4%)	0名 (0%)
8．数学 面積と確率	7名 (26%)	20名 (74%)	0名 (0%)	0名 (0%)	11名 (41%)	15名 (55%)	1名 (4%)	0名 (0%)

英語： 3（全てわかる）2（少し分からないところある）1（ほとんどわからない） 0（全く分からない）

内容： 3（よく分かった）2（だいたい分かった）1（あまり分からなかった）0（全く分からない）

表 28 の英語の理解について単純集計したものをグラフで表すと図 14 のようになる。英語をどの程度理解できたのか、生徒に自己評価してもらった結果である。図 14 が示すように、「全て分かる」「少し分からないところがある」の肯定的回答がグラフの多くを占めており、分からないところが多少あるものの、ほとんど理解できているようであった。教科によって、理解できる差が生じるということも明らかになった。数学は 2 回 CLIL 系読む活動を行ったが、どちらの単元においても英語が「すべて分かる」と回答した生徒が 7 名ずつおり、最も理解できていた。また、「面積と確率」の単元では、「ほとんど分からない」「全く分からない」という否定的回答がなく、すべての生徒が肯定的回答に評価をつけた。このように、数学が一番よくできた結果となったのは、数学の計算の力と図形など視覚的資料

が理解を助けたのではないかと考える。つまり、ただ単に英語が理解できたからだけではなく、数学の力も用いながら問題を解いたのではないか。国語も数学に次いで、英語がほとんど理解できていた。理科や社会は、「すべて分かる」と回答した人が少なかった。専門用語が出てくるので、理解しにくい部分があったのかもしれない。家庭科は、行程を説明する文章であったため、他の CLIL 系教材とは違うように感じ、難しかったかもしれない。

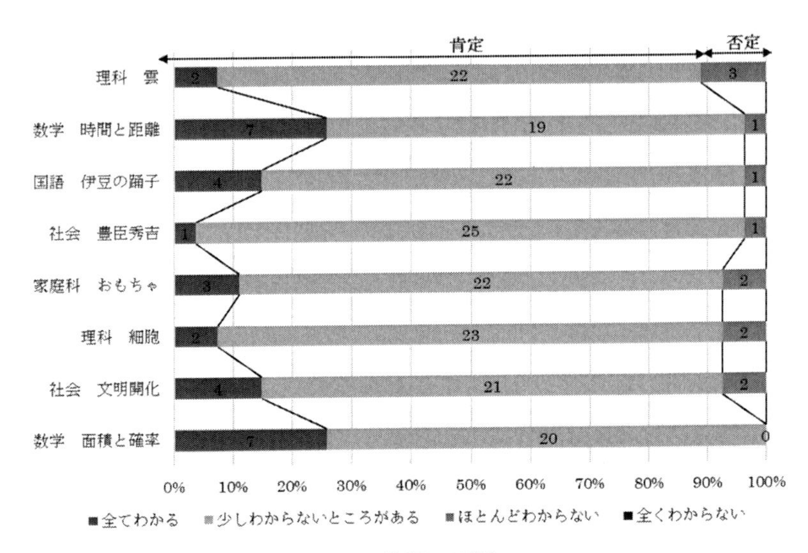

図 14：英語の理解

次に、図 15 は、内容をどの程度理解できたのか、生徒に自己評価してもらった結果をグラフ化したものである。全体的に見てみると、「よく分かった」「だいたい分かった」と答えた生徒がほとんどであった。しかし、「あまりわからなかった」と答えた生徒も中にはいた。教科的に見てみると、数学や国語はだいたい理解できていた。理科の「雲」では、内容をだいたい理解できた生徒がほとんどであったが、「細胞」では、あまりわからなかったと答えている生徒が多く、教科内でも単元によって、内容を理解できているものとできていないものがある。

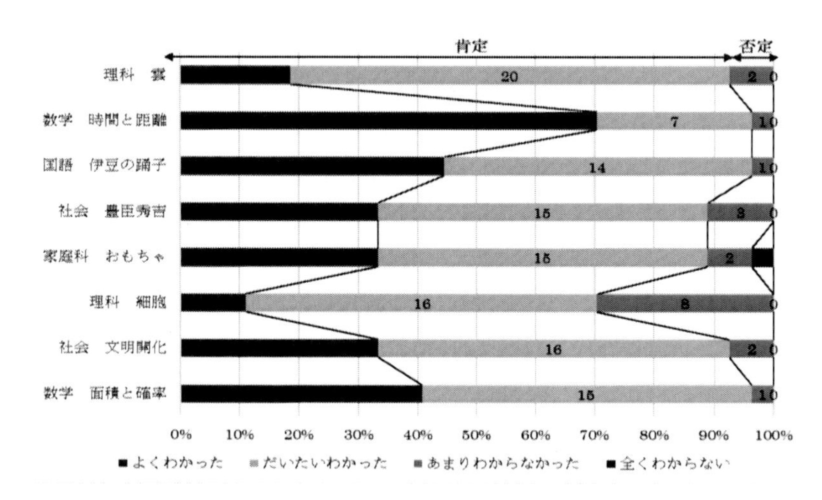

図 15：内容の理解

内容についても「全て分かる」「少し分からないところがある」の肯定的回答が多かった。英語と違い、内容は大きな違いが見られた。まず、最も理解できていたのは、英語理解と同様、数学であった。「時間と距離」に関しては、「すべて分かる」と回答した人が 19 名もいた。計算問題で図もあるため、理解しやすくなっている。また、小学校 3 年生で扱う内容だったため、分かれば簡単だったと考えられる。次いで、国語が理解できている。国語と英語は、ことばを扱う教科であるという点が似ているため、日本語と英語の違いに気づき、内容を楽しめたのであろう。理科では、単元間に差が見られた。「雲」の方が内容を理解できている。一方、「細胞」は「あまり分からなかった」と回答した生徒が教材の中で最も多かった。おそらく、「雲」は日常的に見るものであって、とても身近なものであるため、文章を読むときには、想像しながら読めたのではないだろうか。

「細胞」は、専門用語も多く出てきているし、身近なものではないため、取り組みにくかったのかもしれない。もしくは、「細胞」という単元が理解できていなかったのかもしれない。家庭科は、「おもちゃ」の作り方についての英文であったので、おもちゃ作りにあまり興味がなく、もの作りを苦手としている者には理解しにくかったのではないかと考える。この教材は、CEFR の読む活動における Instruction（説明書）のカテゴリーに属するので、authentic な教材であり、実社会と関連するトピックとなるので活用した次第である。全体的に見ると、肯定的回答がグラフの多くを占めており、「分からない」ところが多少あるものの、ほとんど理解できているようであった。一方で、CLIL 系指導の回数を重ねていくごとに否定的回答が減るという変化は見られなかった。教科に焦点を当ててみると、数学や国語は、英語が少し分からないところがあるが、内容は理解できている生徒が多くいた。特に数学「面積と確率」については、英語が「ほとんど分からない」「全く分からない」生徒はいなかった。

図 14 と図 15 より、英語については、多少差はあったものの、少し分からないところがあるが、ほとんど理解している。一方で、内容については、教科や単元によって理解できたものと、できなかったものの差があることが分かった。

笹島（2011）は CLIL においては、トピックや単一教科（数学、理科、社会）などの学習を推奨している。今回の CLIL 系読む活動の結果を見てみると、理科や社会よりも、国語の評価が高いという結果が出た。国語を扱うことによりことばの違いに気づくことができ、ことばの背景にある文化の違いなども気づけるのではないかと考える。国語科で学んだ内容の知識を使って、対照言語的な気づきのデータとなるかもしれないが、国語の扱う文学や論説の心情や主張を読み取る活動には活用できていない。数学に関しては、今回の分析においては英語の力を使って解いているのか否か、疑問が残る結果となった。その点については各学習のクイズの正答率と関連させ述べていく。

さらに、自己評価の基準（3～0）は、「学習知識が英語理解の不足を補い、内容理解に貢献する」、「英語はある程度読めても（訳せても）、内容が理解できない」などの分析の助けとなるよう、以下のように正負の記号を用いパターンを作った。表29は、全8回のCLIL系読む活動において、被験者27名[49]がどのパターンで英語と内容の理解をしたのかをまとめた一覧である。

1）英語が全てわかり（＋＋）内容もよくわかった（＋＋）。
2）英語が少しわからないところがあるが（＋）内容はよくわかった（＋＋）。
3）英語は全てわかるが（＋＋）、内容は少しわからないところがある（＋）[50]。
4）英語が少しわからないところがあるが（＋）内容はだいたいわかった（＋）。
5）英語はほとんどわからないが（－）内容はだいたいわかった（＋）。
6）英語が少しわからないところがあり（＋）内容はあまりわからなかった（－）。
7）英語はほとんどわからず（－）内容もあまりわからなかった（－）。
8）英語はほとんどわからず（－）内容は全くわからない（－－）。
9）英語は全くからわからず（－－）内容もあまりわからなかった（－）。
10）英語（－－）も内容も全くわからない（－－）。

本書の目的で述べたように筆者は、「母語による教養（学習と知識の積み重ね）のもとに英語学習が維持され、学習者の自律が促されるのではないか」と経験則ながら感じている。すでに他教科で学習した内容の知識が英語学習に活かせるのではないかと研究を進めている。さらに、Coyle, Hood & Marsh（2010）が述べた、内容（Content）、言語（Communication）、思考（Cognition）、協学（Culture）を有機的に結びつけ、この枠組みに即して教材

---

49 被験者は＃1～33まで明記してあるが、全8回のCLIL系読む活動に参加できなかった被験者を抜いてあるので、欠番が生じている。

50 「内容が少しわからないところがある」は肯定的に「内容はだいたいわかった」と解釈している。

を作り、授業案を考え、指導を行うことによる相乗効果（synergy）を「英語学習」に期待している。教科内容の知識が英語学習に効果を与えることを期待し、CLIL 系読む活動における英語と内容の理解のパターン（表 29）を分析すると、母語の学習知識が英語学習に役立つ可能性のあるパターンとして、前頁の正負記号を用いたパターンにおいて、2）「英語（＋）内容（＋＋）：英語は少しわからないところがある（だいたいわかっている）が、内容はよくわかった」、5）「英語（－）内容（＋）：英語はほとんどわからないが、内容はだいたいわかった」が考えられる。この 2 つのパターンの生徒の動向に特に注目したい。

表 29：英語と内容理解のパターン

	clil 1 理科		clil 2 数学		clil 3 国語		clil 4 社会		clil 5 家庭		clil 6 理科		clil 7 社会		clil 8 数学	
	英語	内容	英語	内容	英語	内容	英語	内容	英語	内容	英語	内容	英語	内容	英語	内容
# 1	＋	＋	＋	＋＋	＋	＋	＋	＋	＋	＋	＋	－	－	－	＋	＋
# 2	－	－	－	－	＋	＋	＋	＋	＋	＋	＋	＋	＋	＋	＋	＋
# 3	＋＋	＋＋	＋	＋	＋	＋	＋	－	－	－	＋	－	＋	＋＋	＋＋	＋＋
# 4	＋＋	＋＋	＋	＋＋	＋	＋	＋	＋＋	＋	＋	＋	＋	＋	＋	＋	＋
# 6	＋	＋	＋＋	＋＋	＋	＋＋	－	＋	＋	＋＋	＋	＋	＋	＋＋	＋＋	＋＋
# 8	＋	＋	＋	＋＋	＋	＋＋	＋	＋	＋	＋	＋	－	＋	＋	＋＋	＋＋
# 9	＋	＋	＋	＋	＋	＋	＋	－	＋	＋	＋	－	＋	＋	＋＋	＋＋
# 10	＋	＋	＋	＋＋	＋	＋＋	＋	＋＋	＋＋	＋＋	＋	＋＋	＋	＋	＋＋	＋＋
# 11	＋	＋	＋	＋	＋	＋＋	＋	＋＋	＋	＋	＋	＋	＋	＋	＋	＋
# 12	＋＋	＋＋	＋＋	＋＋	＋＋	＋＋	＋	＋＋	＋＋	＋＋	＋＋	＋＋	＋＋	＋＋	＋＋	＋＋
# 13	＋＋	＋＋	＋＋	＋＋	＋＋	＋＋	＋	＋＋	＋＋	＋＋	＋＋	＋＋	＋＋	＋＋	＋＋	＋＋
# 14	＋	＋	＋	＋	＋	＋	＋	＋	－	－	－	－	＋	＋	＋	＋
# 15	＋	－	＋	＋＋	＋	＋	＋	＋＋	＋	＋＋	＋	＋	＋	＋＋	＋	＋
# 16	＋	＋	＋＋	＋＋	＋	＋	＋	＋	＋	＋	＋	＋	＋	＋	＋	＋
# 18	＋	＋	＋＋	＋＋	＋＋	＋＋	＋	＋	＋	＋	－	－	＋＋	＋＋	＋＋	＋＋
# 19	＋	＋	＋	＋＋	＋＋	＋＋	＋	＋＋	＋	＋＋	＋	＋	＋	＋	＋	＋
# 20	＋	＋	＋＋	＋	＋	＋	＋	－	＋	＋	＋	＋	＋	＋	＋	＋
# 21	＋	＋	＋	＋	＋	＋	＋	＋	＋	＋	＋	＋	＋	＋	＋	＋
# 22	＋	＋	＋	＋	＋	＋	＋	＋	＋	＋	＋	＋	＋	＋	＋	＋
# 23	＋	＋	＋	＋＋	＋	＋＋	＋	＋＋	＋	＋＋	＋	＋	＋	＋＋	＋＋	＋
# 24	＋	＋	＋	＋＋	＋	＋	＋	＋	＋	＋	＋	＋	＋	＋	＋	＋＋
# 25	＋	＋＋	＋	＋＋	＋	＋＋	＋	＋	＋	＋	＋	－	＋＋	＋	＋	＋＋
# 28	＋	＋	＋	＋＋	＋	＋＋	＋	＋	＋	＋	＋	＋	＋	＋＋	＋	＋
# 30	＋	＋	＋＋	＋＋	－	－	＋	＋	＋	＋＋	＋	＋	－	－	＋	＋
# 31	－	＋	＋	＋＋	＋	＋	＋	＋	＋	＋＋	＋	＋	＋	＋	＋	＋
# 32	＋	＋	＋	＋＋	＋	＋＋	＋	＋	＋	＋	＋	＋	＋	＋	＋	＋
# 33	－	＋	＋	＋＋	＋	＋	＋＋	＋＋	＋	－	＋	＋	＋	＋＋	＋	－

その他、「CLIL の理解パターン」として以下のような解釈で扱う。

1）「英語（＋＋）内容（＋＋）：英語が全てわかり、内容もよくわかった」は、理想的な完成パターンであり、CLIL の目指すところである。3）「英語（＋＋）内容（＋）：英語は全てわかるが、内容は少しわからないところがある」のは、英語の言語形式の理解はできているが、教科の学習内容が理解できていないと解釈できる。4)「英語（＋）内容（＋）：英語が少しわからないところがあるが、内容はだいたいわかった」は英語も内容もだいたいわかったという解釈で中間値と考えられる。このパターンを選択した被験者は、教科担任のインタヴューでは、その日の学習を面倒くさがって適当に○をつけている者がこのパターンでは多いように見受けられると述べている。6)「英語（＋）内容（－）：英語が少しわからないところがあり、内容はあまりわからなかった」は英語の理解に関してはアンケートの肯定意見に含まれる（だいたいわかる)。この場合も英語の言語形式に注目していると考えられる。

英語も内容もともに 8)、9)、10) における（－）または（－－）が重なるパターンに関しては、英語学習、教科学習ともに学習の見直しが必要な生徒であると考えられるのではないだろうか。

また、各 CLIL 系教材のトピックに合わせ、興味や言語への気づき、感想などを書く自由記述欄を設けてある。記述された内容はトピックごとに分類し、各々の学習者がどのような考えをもっているのか一見できるようにした。さらに、数学（時間と距離・面積と確率）と社会（歴史：秀吉の天下統一）には教材内容に基づいた英語のクイズを設け、その正答率を出し、英語と内容理解の自己評価とどのような関連があるのかも考察する。

以上のような質的データを利用し、自由記述の内容を参照しながら、教科ごとに学習者の動向を考察し、CLIL 系読む活動の経験が学習者に与える影響を分析する。

2.1.1 理科

理科は CLIL 実践報告のなかでも活用される頻度が高い。この調査では、理科を扱った教材を第１回目（雲ができるまで: CLIL 1）と第６回目（細胞のはじまり: CLIL 6）の CLIL 系指導で扱った。教材については、

「1.3.2 教材の作成[51]」（p.53）を参照のこと。

表 28 が示したように、理科「雲ができるまで」では、英語が全て分かる 2 名(7%)、少しわからないところがある 22 名(82%)、ほとんど分からない 3 名(11%)であった。内容については、よくわかった 5 名(19%)、だいたい分かった 20 名(74%)、あまり分からなかった 2 名(7%)であった。

英語よりも内容を若干多く理解できているということで、理科の内容が分かっていても、理解できない英語があると数字だけでは解釈できる。では、英語と内容について理解のパターンからみるとどうであろうか[52]。

表 30：CLIL 1 理解のパターン

英語	内容	clil 1	人数
＋＋	＋＋	英語が全てわかり、内容もよくわかった。	4
＋	＋＋	英語が少しわからないところがあるが、内容はよくわかった。	1
＋＋	＋	英語は全てわかるが、内容は少しわからないところがある。	0
＋	＋	英語が少しわからないところがあるが、内容はだいたいわかった。	17
－	＋	英語はほとんどわからないが、内容はだいたいわかった。	3
＋	－	英語が少しわからないところがあり、内容はあまりわからなかった。	1
－	－	英語はほとんどわからず、内容もあまりわからなかった。	1

理科「雲ができるまで」においては、中間値と考えられる（＋/＋）は 17 名であり、英語・内容の難易度に大きく偏りが出た教材ではないと思われる。CLIL の理解パターンを示す生徒は（＋/＋＋）が 1 名、（－/＋）が 3 名、合計 4 名であったので、この 4 名について詳しくみる[53]。個人の情報としては、

1）CLIL の理解パターン（英語・内容）、

---

51 教材には日本語のタイトルをあえてつけていない。日本語タイトルからの内容推測を避けるように配慮した。ただし、オーラル・イントロダクションで授業内に担当教員からの導入は行っている。例）“Do you remember you studied about ‘clouds’ last week?”

52 （－）を 3 つ以上重ねる被験者は皆無であった。

53 本調査では、CLIL の理解パターンを被験者の動向の変化をみる視点とする。

2）性別、
3）最終的な英語の成績（ベネッセ実力テスト3回目の結果）、
4）CLIL 系指導前に行われた第 2 回ベネッセ実力テストと CLIL 系指導後に行われた第 3 回ベネッセ実力テスト[54]の英語の偏差値 (四捨五入)の差、
5）CLIL 系指導実施前に行われた学習状況自己アンケートと CLIL 系指導後に行われた英語学習自己評価アンケートの傾向別（教室内外学習）得点差、
6）エゴグラムにおける言語学習に影響を与える要因 A と FC のうち良好状態[55]にあるも、
7）現在保持している英検の級、そして、
8）各 CLIL 系読む活動において自律要因が見出せたか否か[56]を抽出した。

CLIL 1（雲ができるまで）においては、自由記述が自律要因を導くのに設問が不十分であったため、記載はない。また、各被験者がトピックごとに自由記述欄に記入してあったコメントも添えてある。さらに、すべての被験者の自由記述の類似したコメントをグループ分けした。以下は、CLIL の理解パターンを使った生徒の一覧である。

---

54 各学年3回（5月・9月・翌年1月）に実施されており、第2回目（2014年9月実施）と第3回目（2015年1月実施）の英語の成績である。

55 エゴグラム各要因の最高値20点で11点以上を良好状態とした。エゴグラムは、得点が高くても低くても良くない。個々の得点で性格の差が出るのではなく、全体の得点のバランスで性格を判断するのもである。バランスを取るのによい得点の位置として、中間点10点を超える得点を良好状態とした。

56 図11参照のこと。各 CLIL 系教材のトピックにおいて、自律要因として「気づき」「楽しい」「またやりたい」のいずれかの要因を含んでいるか否かである。

表 31：個人動向　雲ができるまで

<table>
<tr><th></th><th>英語</th><th>内容</th><th>性別</th><th>べ英 3</th><th>差</th><th>内差</th><th>外差</th><th>エゴグラム</th><th>英検</th><th>自律要因</th></tr>
<tr><td>＃19</td><td>－</td><td>＋</td><td>F</td><td>60</td><td>+5</td><td>+4</td><td>+4</td><td>FC</td><td>4</td><td></td></tr>
<tr><td>＃25</td><td>＋</td><td>＋＋</td><td>F</td><td>60</td><td>+4</td><td>-2</td><td>0</td><td>A</td><td>3</td><td></td></tr>
<tr><td>＃31</td><td>－</td><td>＋</td><td>F</td><td>55</td><td>+2</td><td>+1</td><td>-4</td><td>FC</td><td>3</td><td></td></tr>
<tr><td>＃33</td><td>－</td><td>＋</td><td>F</td><td>60</td><td>-4</td><td>0</td><td>-6</td><td>FC</td><td>準 2</td><td></td></tr>
<tr><td colspan="11">空に浮かぶ雲を見て、どんなことを考えますか。</td></tr>
<tr><td>＃19</td><td colspan="10">きれいだと思う。</td></tr>
<tr><td>＃25</td><td colspan="10">綿あめみたい。寝てみたい。柔らかそう。なぜどれも形が違うのか。雨などの時に雲の色が変わるのはなぜだろう。</td></tr>
<tr><td>＃31</td><td colspan="10">そのくらいの数の氷の粒があるのか。雲は水の粒と核で作られているから、水は透明ということは白いのは核なのか。</td></tr>
<tr><td>＃33</td><td colspan="10">雲はたくさんの粒が集まって見えるようになっている。</td></tr>
</table>

ここでまず明らかなのは、4 名の生徒がすべて女子である。再度後述するが、最終的に CLIL の理解パターンを用いた数は女子が多かった[57]。白井（2004）は、「女性の方が男性よりも外国語学習に向いているという一般化はある程度あたっているかもしれない」と述べているが、多少なりとも頷けそうである。

＃33 を除いた 4 名中 3 名が、CLIL 系読む活動を終えた後のベネッセ実力試験の成績が偏差値 2～5 上がっている。もちろん、統計分析から CLIL 系読む活動と成績の向上に有意差はないという結果が出ており、上記生徒の成績の向上は CLIL 系指導が起因しているとは客観的には言えない。

エゴグラムに関しては、＃25 以外の 3 名は FC が良好状態にある。エゴグラムの要因 A・FC は成績との相関は認められなかったが、FC と自律要因が相関傾向にある。英検については参考までに記したが、一見してわかるように、英語の成績（偏差値）が英検のグレードに比例しているわ

[57] 被験者 27 名（男子 12 名女子 15 名）が 8 回の CLIL 系読む活動をするのに理解のパターン数が 216 あり、そのうち、男子が使用した CLIL の理解パターン数は 18、女子が使用した CLIL の理解パターン数は 28 である。

けではない。偏差値60であっても英検4級、3級、準2級とさまざまである。この中学では、英語指導の一環として英検受験をさせている。受験日が近づくと、2、3週間前から英検指導が始まる。教科担任の話によると、この英検指導を嫌う生徒も多いそうだ。特に中学2年生ともなると反抗期の生徒も少なからずおり、「英検合格のための勉強」に納得がいかないようである。よってここで示す英検の結果は受験の意思に自由な選択性はなく、中学卒業までに準2級合格を目指し、合格するまで受験させられるものである[58]。

自律要因の有無については、CLIL1（雲ができるまで）の教材では、「空に浮かぶ雲を見て、どんなことを考えますか」と作成者側から学習者の意見を求める設問であったため、自律要因を引き出す投げかけとしては不適切と考え、自律要因抽出の対象外としている。表32は、実験群の生徒たち全てのコメントを同様の傾向で分類したものである。

ここからわかる特徴は、生徒が雲について「想像している」ということである。もちろん、設問が「空に浮かぶ雲を見て、どんなことを考えますか」であるので、あたりまえの結果であるかもしれないが、理科で「雲ができるまで」を学習するとき、授業中にそのような空想に浸る時間はあるだろうか。改めて学習した内容に触れることによって、「すごいな」とか「なぜだろう」など、英文を読むことをとおして新たな発見や疑問が生まれて、興味・関心が高まったのではないかと期待する。

---

58 実験群の英検合格級の割合は、在籍33名中、4級2名（6%）3級15名（45.5%）、準2級15名（45.5%）、2級0名（0%）、準1級1名（3%）である。

表 32：自由記述「空に浮かぶ雲を見て、どんなことを考えますか」

	コ　メ　ン　ト	人数
感想	その日の天気を考える。	4
	雲はさまざまな形があり、同じ形のものはない。	3
	きれいな青色に様々な形の雲が浮かんでいると調和していて美しいと思う。	2
	おもしろいと思う。	1
	天気によって雲の形が変化するから、見ていて飽きない。見ていておもしろいこと。	1
	きれいだと思う。	1
	地球ってすごいなと思う。	1
	小さな水滴が集まってできているのだなと思う。	1
	雲の構造を考える。	1
	何かに乗って雲の中を通り抜けてみたい。	1
発見	たくさんの小さなほこりが集まって、雲が見えるんだなと思う。	1
	雲はたくさんの粒が集まって見えるようになっている。	1
	あんなに大きい雲が粒の集まりというのは少しだけ信じられない。	1
	空気中のほこりが必要なことに驚いた。	1
疑問	上空はどれくらい寒いか。	1
	雲の中に入ったらどうなるのか、雲の上に本当に乗っかれないのか。	1
	さまざまな形の雲があり、同じ形のものはない。なぜ形が違うのか。	1
	雨の時に雲の色が変わるのはなぜだろう。	1
	なぜ透明な水や氷の塊が白くなったりするのか。	1
	どれくらいの数の水の粒があるのか。	1
	雲は水の粒と核で作られているから、水は透明ということは白いのは核なのか。	1
	雲はどのくらいの速さで動いているのか。	1

第2回目の理科「細胞のはじまり：CLIL 6 」の回答数の割合は表33に示したとおりである。「細胞のはじまり」では、英語が全て分かる 2 名(8%)、少しわからないところがある 23 名(85%)、ほとんど分からない 2 名(7%)であった。内容についてよくわかった 3 名(11%)、だいたい分かった 16 名(59%)、あまり分からなかった 8 名(30%)であった。

第１回目の理科「雲ができるまで」の英語と内容の理解における割合と比較は以下のとおりである。

表 33：理科の比較

	英語				内容			
	3	2	1	0	3	2	1	0
1．理科 雲ができるまで	2名 (7%)	22名 (82%)	3名 (11%)	0名 (0%)	5名 (19%)	20名 (74%)	2名 (7%)	0名 (0%)
6．理科 細胞のはじまり	2名 (8%)	23名 (85%)	2名 (7%)	0名 (0%)	3名 (11%)	16名 (59%)	8名 (30%)	0名 (0%)

「細胞のはじまり」については、英語と内容の理解を比べると、英語の方が理解できていることが分かった。「雲ができるまで」より内容が複雑になっていて難易度があがり、英語も単語にルビはふったものの少々アカデミックな印象もあるので、英語が難しいのではないかと懸念していたのであるが、英語の理解に対する自己評価が高かった。おそらく、英語はルビを追いながら読めたが、教科の内容が理解できていないのではないかと考えられる。または、「細胞」のしくみを学習するにあたりそのアプローチが日本の教科書とは異なったのかもしれない。教科担任の話では、授業後「先生、葉っぱに細胞ってあるの？」と尋ねてきた男子生徒がいたということである。理解パターンの分布は以下のとおりである。

表 34：CLIL６自由記述と理解のパターン（理科６）

英語	内容	clil 6	人数
＋＋	＋＋	英語が全てわかり、内容もよくわかった。	2
＋	＋＋	英語が少しわからないところがあるが、内容はよくわかった。	1
＋＋	＋	英語は全てわかるが、内容は少しわからないところがある。	0
＋	＋	英語が少しわからないところがあるが、内容はだいたいわかった。	17
－	＋	英語はほとんどわからないが、内容はだいたいわかった。	0
＋	－	英語が少しわからないところがあり、内容はあまりわからなかった。	5
－	－	英語はほとんどわからず、内容もあまりわからなかった。	2

CLIL 1（雲ができるまで）と同様に中間値と考えられる（＋/＋）の生徒は17名であった。CLIL 1の理科の内容よりも英語の難易度が上がったのではないかと考えたが、理解のパターンから考察すると、英語・内容の難易度に大きく偏りがなく、教材作成に妥当性があったと考えてよいのかもしれない。しかし、全体の散らばりの程度をみると、このCLIL 6（細胞のはじまり）では、（＋/－）、（－/－）の生徒が7名おり、内容がわからなかった生徒が前回のCLIL 1よりも増えたのがわかる。また、（＋＋/＋＋）：英語も内容もすべてわかる生徒もCLIL 1では4名だったが、2名と減っている。理科の授業で「細胞」に関する内容が定着していないのではないかというフィードバックが、このような教科内容を扱った英語の学習を通して得た情報からなされれば、まさに教科横断型学習としてのCLILの強味となるのではないだろうか。

さらに、CLILの理解パターンを使った生徒を詳しくみると、内容が難しくなったと考えられるCLIL 6では男子1名のみであった。ちなみに、英語も内容もよくわかった（＋＋/＋＋）の2名も男子である。内容が多少難しくても、一般的に理科に興味を持つ傾向にある男子が「内容がよくわかっている」のではないかと推測できる。

表35：個人動向　細胞のはじまり

<table>
<tr><th></th><th>英語</th><th>内容</th><th>性別</th><th>べ英3</th><th>差</th><th>内差</th><th>外差</th><th>エゴグラム</th><th>英検</th><th>自律要因</th></tr>
<tr><td>♯10</td><td>＋</td><td>＋＋</td><td>M</td><td>66</td><td>-3</td><td>+3</td><td>+6</td><td>A/FC</td><td>準2</td><td>○</td></tr>
<tr><td colspan="11">この英文を読んで、何か気づいたことや感じたことを自由に書いてみましょう。</td></tr>
<tr><td colspan="11">理科でやったので、英語がわからなくてもなんとなく分かった。</td></tr>
</table>

まず、コメントをみると、「理科でやったので、英語がわからなくてもなんとなく分かった」とある。内容がわかっているので、英語を読むことに負担を感じなかったようである。ちなみに教科担任（同時にクラス担任でもある）によると、この生徒の得意教科は理科である。CLIL系指導後の英語の成績は下がっているので、CLIL系読む活動が起因する要素につ

いては何も述べられないが、エゴグラムの 2 要因が良好状態にある。自律要因があったということは、理想的な言語学習者のタイプで、将来自律的学習者になる要因があるのではないかと考えられる。表 36 は、実験群の生徒たち全てのコメントを同様の傾向で分類したものである。

CLIL 6（細胞のはじまり）では、CLIL 1（雲ができるまで）にはなかった、英単語についての気づきが多かった。ひとつの英単語にはさまざまな日本語の意味が与えられるものが多々ある。今回の理科の学習をとおして、使用場面に応じて単語の意味が変わるのだということに改めて気づいたと考えらえる。内容を理解したものを多少難易度を高くした英文教材を使って読ませることは、学習者の気づきを内容のみならず、言語形式の側面にも与えることがわかる。生徒が発見したことに関しては、理科の授業で扱っているであろうことなので、おそらく、理科の細胞の単元を扱った授業の時は、あまり理解していなかったのではないだろうか。

理科はよく CLIL 授業の教材として扱われる。この調査では、CLIL 系読む活動において理科の教科に有意差があるという結果は認められていない。日常生活で体験的に身につく科学的内容（水は 100℃で沸騰するなど）は、CLIL に適しているかもしれないが、学習内容が高度になるにつれ、発達段階に合わせた教材作りを工夫する必要があるだろう。

表 36：自由記述「この英文を読んで、何か気づいたことや感じたことを自由に書いてみましょう」

	コ　メ　ン　ト	人数
発見	大きな生物の 1 番の目的は、組織作りをすることだということが分かった。	2
	細胞にはそれぞれ役割があるということが分かった。	1
	動物と植物で細胞が違うこと。	1
疑問	単細胞や多細胞の“cell”になぜ“ed”がついているのか。	1
	なぜ地球上には、単細胞と多細胞の 2 種類の生物がいるのか気になる。	1
肯定	英語での表現を学ぶことができてよかった。	1
	理系の難しい細胞のことでも、意外と身近な単語で表現されていて親しみを持つことができた。	1

	コ　メ　ン　ト	人数
肯定	新たに知ることができた単語もあり勉強になった。	1
	細胞のことが英語でもよく分かった。	1
	理科でやったので、分からなくてもなんとなく分かった。	1
否定	理科で細胞のことを勉強していなかったら、一つ一つの単語の意味は分かっていても、文全体の内容は頭に入ってこないと思う。	1
	理科と英語の 2 分野を一気にやっている感じで疲れた。	1
	英語で理科を学ぶと、難しい単語が少し出てきたので読むのが少し大変でした。	1
	なんとなく分かったが、語句が分からないのが多かった。	1
	英語になるだけで少し難しく感じた。	1
英文に関する気づき	「ゾウリムシ」は“paramecium”と書くのか。	4
	数学の「割り算」は、“divided by”で、「分割される」は“divided into”だから、同じ「分ける」なので、同じ“divided”を使っている。	3
	「組織」は“system”と書くのか。	2
	「筋肉」は“muscles”と書くのか。	1
	“organisms”と“organize”はスペルが似ているけど、意味が全く違うことが分かった。	1
	“possible”は「可能」だが、“impossible”は「不可能」で、“im”が付くと逆の意味になることが分かった。	1
	「細胞」は“cell”と書くのか。	1
	“piece”は「パーツ」という意味から「要素」という意味に転換できることが分かった。	1
	日本語では「地球上の全ての生物」と書くところを、英語では、“All living organisms on Earth”(日本語で「全ての・住んでいる・生物・上に・地球」)と書くので、語順が違っていて面白い。	1

2.1.2 数学

数学は、2 回目（時間と距離：CLIL 2）と 8 回目（面積と確率：CLIL 8）の教材として扱った（p.57, p.63 参照）。

CLIL 2「時間と距離」では、英語が全て分かる 7 名(26%)、少しわからないところがある 19 名(70%)、ほとんど分からない 1 名(4%)であった。内容についてよくわかった 19 名(70%)、だいたい分かった 7 名(26%)、あまり分からなかった 1 名(4%)であった。

内容が「よく分かった」と答えた生徒が 19 人おり、内容理解がよくできているということが分かった。しかし、内容に対し、英語が「全てわかる」という生徒は7名で、半分となっている。数学は、ことば（英語）というよりは、数と解き方に着目し考えているため、内容を理解しやすかったのではないかと考える。

「時間と距離」では、数学の問題（内容問題）が2問と英単語を推測させる問題（英語問題）を3問設けた。そのうちの数学の問題では、2問とも正解した生徒は27名(100%)で、全員が全問正解となった。英単語を推測させる問題では、3問全て正解した生徒は26名(96%)、2問正解した生徒は1名(4%)であった。

英単語を推測する問題では、“distance” 27名(100%)、“average” 26名(96.3%)、“drive” 27名(100%)であった。自己評価で英語が「ほとんど分からない」と回答した生徒でも、正答率はよいという結果である。英語が分からなくても数学の力で問題を解いているということが分かった。問題文にも図が示されていたため、英単語も推測しやすかったのだろうと考えられる。理解のパターンの分布は以下のとおりである。

表37：CLIL 2 自由記述と理解のパターン（数学２）

英語	内容	clil 2	人数
＋＋	＋＋	英語が全てわかり、内容もよくわかった。	6
＋	＋＋	英語が少しわからないところがあるが、内容はよくわかった。	13
＋＋	＋	英語は全てわかるが、内容は少しわからないところがある。	1
＋	＋	英語が少しわからないところがあるが、内容はだいたいわかった。	6
－	＋	英語はほとんどわからないが、内容はだいたいわかった。	0
＋	－	英語が少しわからないところがあり、内容はあまりわからなかった。	0
－	－	英語はほとんどわからず、内容もあまりわからなかった。	1

明らかに、（＋/＋＋）の理解パターンを使った生徒が13名と多い。全体的にみても1名の生徒を除き、26名が「英語も内容もだいたいわかる」以上となっている。教材作成の難易度としては、易しいものであったようだ。

表 38：個人動向　時間と距離

	英語	内容	性別性	べ英3	差	内差	外差	エゴグラム	英検	自律要因
＃1	＋	＋＋	M	57	+4	+6	+1	FC	3	○
＃4	＋	＋＋	M	57	+2	+1	0	A	3	
＃8	＋	＋＋	M	68	0	+3	+2	A	準2	○
＃10	＋	＋＋	M	66	-3	+3	+6	FC	準2	○
＃15	＋	＋＋	F	57	+3	+1	+3	FC	3	○
＃19	＋	＋＋	F	60	+5	+7	+7	FC	4	○
＃23	＋	＋＋	F	64	+2	-4	+2	A	3	
＃24	＋	＋＋	F	64	+1	-2	0	A/FC	準2	○
＃25	＋	＋＋	F	61	+4	-13	-6	A	3	○
＃28	＋	＋＋	F	64	+7	+1	-3	A	準2	○
＃31	＋	＋＋	F	55	+1	+1	-4	FC	3	○
＃32	＋	＋＋	F	55	+4	+1	+1	A/FC	3	○
＃33	＋	＋＋	F	60	-4	0	-6	FC	準2	○

英語で数学の問題を解くのはいかがでしたか？自分の意見を書いてみましょう	
＃1	英語で解いてみるのも面白かった。機会があればまたやりたい。
＃4	普段日本語でしか解く機会がないので、とても難しかったです。
＃8	計算よりも問題文を理解するのが大変だったけど、新鮮で面白かった。
＃10	問題文の重要さがわかった。
＃15	日本語が分かれば解けるものなので割と簡単でした。結構楽しかったです。
＃19	初めて英語で数学を解いたので、少し戸惑いましたが、内容が分かったのでいつも通りにできました。
＃23	ことばだけでは解けないと思うが、図や式があったので解けました。
＃24	簡単な問題なのに、いつもより考えなくてはいけないので大変でした。
＃25	楽しかった。
＃28	意外と楽しく説くことができたので良かったです。これからの生活で活かしていけたらよいなと思いました。
＃31	速さ×時間＝道のりという公式は同じなので、思っていたより簡単に解くことができました。
＃32	初めて英語での道のり、速さ、時間の問題を解いてみましたが、意味が分かれば普通の問題だったので、ほかにも様々な問題を解いてみたいと思います。
＃33	わかれば小３くらいの問題だったので、簡単でした。

時間と距離の内容は、小学校の算数でも扱うが、中学校では数学的な思考をともない「式の計算」として指導する。英語ではあるが図を使って計算の仕方を説明してあるため、理解しやすかったのではないだろうか。英語で内容がわかることに楽しさを感じる生徒もおり、易しい内容のものを英語教材で扱うのも、生徒の学習への動機づけとして必要であろう。CLIL の理解パターンを使った生徒の一覧は表 38 の通りである。

ここでも、女子の数が多いことがわかる。また、5 名の生徒は理科においても CLIL の理解パターンを使っている（#10・#19・#25・#31・#33)。その中でも 3 名：#10・#31・#33 は英語の成績は下がっているのであるが、やはり統計分析からも明らかなように、CLIL 系読む活動と成績に有意差はないということが質的分析でも明らかであろう。また、全員がエゴグラムの要因が良好状態にあり、2 名を除く生徒に CLIL 2 の教材における自律要因が見出せた。自律要因のない#4 の生徒のコメントを見ると、「普段日本語でしか解く機会がないので、とても難しかったです」とあるものの、内容はすべて理解しているので、達成感は得られたのではないかと推測している。

ここで注目すべき点は、27 名中 26 名の生徒が「英語も内容もだいたいわかった」以上であるのに対し、1 名のみ（−/−）:「英語はほとんどわからず、内容もほとんどわからなかった」であることだ。この生徒（#2）は男子で、CLIL 1（理科：雲ができるまで）においても（−/−）のパターンであった。ベネッセ実力テストの英語の成績は、2 回目が 62、3 回目が 64 であり、英検は準 2 級である。自律要因もコメントのなかでは見出せず、FC は良好状態にあるが、A が中間点よりも低いことがわかる。自由記述のコメントをみると、CLIL 2（時間と距離）においては、「思っていた以上に意味をとるのが難しかった」とあるが、（−/−）ではあっても、CLIL 1（雲ができるまで）では、「白い。浮かんでいて青い色とマッチングしているときれいだと思う」とコメントしている。CLIL 6（細胞のはじまり）では、「生物が細胞に分別されることが分かった。英語で理科を学ぶと難しい単語が少し出てきたので読むのが少し大変でした」とあるが、理解のパターンは（+/+）であった。エゴグラム A が低いと「計画性がない」「おひとよし」という傾向がある。教科（兼クラス）担任によると、優秀な生徒であるが、自分を低く評価する傾向にある生徒だということである[59]。ちなみに英単語を推測させる問題で、3 問全て正解した生徒は 26 名(96%)、2 問正解した生徒は 1 名(4%)であったのだが、この 1 名が#2 の生徒である。学習者中心（learner-centered）の指導について考えるにあたり、現場の指導者は、焦って「効果的な外国語学習・指導法」などを求めてさまざまなデータや研究を参考にするが、学習者ひとりひとりに目を向けるとそれぞれの要因があり、すべての研究データはあくまでも参考にしかならず、鵜呑みにして何でも導入してしまうのは危険であることを改めて感じる。目の前の学習者と向き合うことがいかに大切なのかわかる。Oxford（1990）は、学習者の言語学習ストラテジーを理解し、学習者が自分に適した効果的学習方法を主体的に探し出せるようにすることが大切であると述べている。ここでは、学習状況において、#25 の教室内外に関する項目の自己評価の得点がともに下がっている（内-13、外-6）のが気になるところである。表 39 は、実験群の生徒たち全てのコメントを同様の傾向で分類したものである。

肯定的意見 15 名、否定的意見 12 名で、若干肯定的意見が上回る結果となった。肯定的意見では、「簡単」「おもしろい」「楽しい」という回答を得た。逆に否定的意見では、「難しい」「大変」という回答だった。もちろん、教科で得意不得意があるのだから、教科を英語で扱う CLIL 系読む活動にもその影響があるのは想定できることである。

---

59 この点について、担任が多少アドバイスを与えたところ、CLIL 3 以降の自己評価はすべて（+/+）のパターンになっている。

表 39：自由記述「英語で数学の問題を解くのはいかがでしたか？自分の意見を書いてみましょう」

	コ　メ　ン　ト	人数
肯定	知っているような問題だったので簡単だった。	2
	楽しく解くことができた。	2
	思ったより簡単で驚いた。他の科目もやってみたい。	2
	英語で解いてみるのも面白かった。機会があればまたやりたい。	1
	計算よりも問題文を理解するのが大変だったけど、新鮮で面白かった。	1
	いつもの数学の問題と違って面白かった。	1
	初めて英語で数学を解いたので少し戸惑ったが、内容が分かったのでいつも通りにできた。	1
	わかれば小３の問題で簡単だった。	1
	日本語が分かれば解けるものなので割と簡単。結構楽しかった。	1
	言葉だけでなく、図や式があったので解けた。	1
	少し難しかったけど、今まで習った単語などが使われていたし、ヒントなどが書いてあったのでできた。	1
	問題文の重要さが分かった。	1
否定	英語を和訳してから計算するので、難しかった。手間がかかった。	2
	日本語で問題を解くよりも時間がかかって、少し大変だった。	2
	思っていた以上に意味を取るのが難しかった。	1
	日本語でしか解く機会がないので難しかった。	1
	問題文を読んで何が問われているのかを理解することが大変だった。	1
	英語を和訳する方が難しかった。	1
	日本語よりも間違いに引っ掛かりやすい。	1
	日本語ではなくて疲れた。	1
	難しい。でも問題の英語はスラスラ読めた。	1
	例題があったので何となく解けた。	1

ここで筆者が気になったのは、否定的コメントとして挙げられている、「英語を和訳する方が難しかった」「英語を和訳してから計算するので…」という意見である。生徒は英語を見た時に、頭の中で１度日本語に直してから英語を理解しようとしていることがうかがえる。英語を英語の語順で理解していない、つまり、読む活動の目標のひとつである英語の直読直解には至っていないということがわかる。

CLIL 8 数学「面積と確率」では、英語が全て分かる 7 名(26%)、少しわからないところがある 20 名(74%)であった。内容についてよくわかった 11 名(41%)、だいたい分かった 15 名(55%)、あまり分からなかった 1 名(4%)であった。

表 40：数学の比較

	英語				内容			
	3	2	1	0	3	2	1	0
2．数学 時間と距離	7名 (26%)	19名 (70%)	1名 (4%)	0名 (0%)	19名 (70%)	7名 (26%)	1名 (4%)	0名 (0%)
8．数学 面積と確率	7名 (26%)	20名 (74%)	0名 (0%)	0名 (0%)	11名 (41%)	15名 (55%)	1名 (4%)	0名 (0%)

英語においては、「分からなかった」という生徒がいなかった。内容もよく分かっているようである。「時間と距離」同様「面積と確率」でも、英語と内容、共によく理解できていることが分かった。数学という教科が理解を助けていることは、諸説どおり明らかであろう。

「面積と確率」では、数学の問題が 3 問と英単語を推測させる問題が 5 問ある。そのうちの数学の問題では、3 問全て正解した者が 22 名(81%)、2 問正解した者が 5 名(19%)であった。英単語を推測させる問題では、5 問全て正解した者は 12 名(44%)、4 問正解した者が 4 名(15%)、3 問正解した者が 7 名(26%)、2 問正解した者が 3 名(11%)、1 問正解した者が 1 名(4%)であった。

英語と内容を全て理解できたと自己評価した生徒の中には、英単語を推測させる問題が 1 問しか正解しなかったものがいた。内容が「ほとんど分からない」生徒 1 名は、数学の問題と英単語を推測させる問題は共に全問正解していた。おそらく、「内容」が分からないと自己評価しても、数学の力で解いたのだろうと考えられる。数学の問題は正答率が高かったが、英単語を推測させる問題では、正答率があまりよくないという結果から、英単語は答えられなかったが、問題文に図があったため、数学の問題に正答できたのだと考える。ここからも、英語が分からなくても、数学を解く力があれば、問題には答えられるということが分かった。

また、一問ずつの正答率を算出すると、数学の問題では、問題 1 が 27 名(100%)、問題 2 が 26 名(96.3%)、問題 3 が 23 名(85.2%)であった。英単語を推測する問題では、“parallelogram” 20 名(74.1%)、“trapezoid” 23 名(85.2%)、“area” 23 名(85.2%)、“base” 14 名(51.9%)、“height” 24 名(88.9%)であった。

数学の問題では、問題 1・2 の面積の問題はよく出来ていた。問題 3 の確率の問題は、面積の問題よりも正答率が低くなった。おそらく、面積の問題は図が示されていたため理解しやすかったのだと考える。一方、図のようなヒントがあたえられなかった確率の問題は文章題であり、問題文の英語が理解できなければ問題も解けなかったと考えられる。

英単語を推測する問題では、“base” を約半数の生徒が分からなかった。“parallelogram”や “trapezoid” の方が単語を見る限りでは難しそうに見えるが、図の下にその単語が書かれていたために、「これは図形の名前だ」と把握できたのかもしれない。一方、“base” は、他の意味、「基本」「土台」「基地」などのイメージが「底辺」「下底」という意味に結びつけてよいものか悩んだようである[60]。

ここで明らかとなったのは、図などの資料があれば理解が深まるということである。「面積と確率」の問題で、図が書いてあった面積の問題の方が良くできていた。面積と確率なら、面積を求める問題の方が小学生の頃から多く扱っているため、理解しやすいということもあるかもしれない。前述したことだが、数学は数と解法に着目して問題を解いている。そのため、本当に英語の力を使っているのか、または英語学習に発展する可能性があるのかという点においては、疑問が残るところである。CLIL に数学が適しているという説は、英語で書かれた数学の問題を解く学習者の正答

---

60 教科担任のインタヴューによると、授業のあと「base を下底って言っていいんですか」と質問してきた男子生徒がいたそうである。

率に目を向けた際、「英語で解けたのだと感じる」あくまでも指導者側の主観であるのかもしれない。英単語を推測させる問題があまり正答率は高くなく、5 問中 1 問しか正解することができなかった生徒もいた。やはり、英語の力というよりは、大半は数学の力を使っているのではないかと考えられる。もちろん、数学の力を使って英語で書かれた数学の問題を解くことに異論はない。期待したいのは問題を解いた次のステップである。英語で数学を解くことによって、言語（英語）への気づきを促したいところである。以下は、理解のパターンの分布は次の通りである。

表 41：CLIL８自由記述と理解のパターン（数学８）

英語	内容	clil 8	人数
＋＋	＋＋	英語が全てわかり、内容もよくわかった。	8
＋	＋＋	英語が少しわからないところがあるが、内容はよくわかった。	2
＋＋	＋	英語は全てわかるが、内容は少しわからないところがある。	1
＋	＋	英語が少しわからないところがあるが、内容はだいたいわかった。	15
－	＋	英語はほとんどわからないが、内容はだいたいわかった。	0
＋	－	英語が少しわからないところがあり、内容はあまりわからなかった。	1
－	－	英語はほとんどわからず、内容もあまりわからなかった。	0

中間値と考えられる（＋/＋）が 15 名いるので、教材の妥当性はあると考えられる。（＋＋/＋＋）が 8 名いるので、この点においては CLIL 教材として扱う教科として数学が適しているといえる理由になるかもしれない。CLIL の理解パターンと定義している（＋/＋＋）は 2 名であるが、前述したとおり、内容と英語を全て理解できたと自己評価した生徒の中には、英単語を推測させる問題が 1 問しか正解しなかった生徒がいたり、内容が「ほとんど分からない」と答えた生徒は、数学の問題と英単語を推測させる問題を共に全問正解していた。「内容がよくわかった」ゆえに、英語もすべて理解できたと感じるのかもしれない。あくまでも「英語も内容もすべてわかっている」のは自己評価であることを改めて念頭に考察しなければならない。CLIL の理解パターンを使った生徒の一覧は以下の通りである。

表 42：個人動向　面積と確率

	英語	内容	性別	べ英３	差	内差	外差	エゴグラム	英検	自律要因
＃24	＋	＋＋	F	64	+1	-2	0	A/FC	準２	
＃25	＋	＋＋	F	61	+4	-13	-6	A	3	○
他教科で学習したことを英語で復習するのはいかがですか。何か感じたことがあったら、自由に書いてみましょう。										
＃24	いつより頭を使う。									
＃25	他教科を英語で学ぶのは面白いけど難しい単語ばかり出てくるので大変。									

CLIL の理解パターンからは２名の女子生徒が抽出できるが、前述したように「面積と確率」においては「内容がよくわかった」ゆえに、英語もすべて理解できたと感じている生徒がいる可能性がある。その点は考慮する必要があるであろう。この２名は正直な自己評価をしたともいえる。英語の成績は CLIL 系指導終了後のベネッセ実力テストにおいて両者とも向上している。＃25 の生徒は、CLIL 6（細胞のすべて）以外、CLIL 1（雲ができるまで）、CLIL 2（時間と距離）、CLIL 8（面積と確率）においてすべて（＋/＋＋）の理解パターンである。さらに、次の CLIL 3（伊豆の踊子）においても（＋/＋＋）の理解パターンを使っており、8 回の CLIL 系読む活動のうち、半分の 4 回は CLIL の理解パターンを使っている。＃25 の生徒は、エゴグラム A が良好状態である。判断力・計画性がある性格なので、自己評価にも冷静な判断をしているのかもしれない。一方、＃24 は、「いつもより頭を使う」とコメントしているが、この理解パターン（＋/＋＋）を使ったのは数学のみ（CLIL 2・CLIL 6）である。ちなみに、＃24 の性格は良識派タイプとなっている。正直に自己評価した理由に挙げられるであろう。以下は、実験群の生徒たち全てのコメントを同様の傾向で分類したものである。

表 43：自由記述「他教科で学習したことを英語で復習するのはいかがですか。何か感じたことがあったら、自由に書いてみましょう」

	コ　メ　ン　ト	人数
肯定	英語で表現すると難しいが、分かると面白い。	2
	数学は図で見ればわかるので、英文を見なくてもできた。	2
	思ったより簡単に解けた。	2
	図形などがあると分かる。	2
	分からない単語を予想しながら考えることも面白かった。	1
	日本語で解くよりも時間がかかるけど、英語を理解しながら数学も理解できたのでよかった。	1
	もっと単語を覚えればもう少し解けるような気がした。	1
否定	分からない単語があって計算するのが難しい。	3
	図があれば簡単だが、文章題だと、少し理解するのに時間がかかる。	2
	普通の計算が難しくなった。	2
	英語だとどのような問題なのか、明確に分からなかったので、とても難しく感じた。	2
	日本語なら何を聞かれているのか分かるのに、英語は少し単語が分からない分迷った。	1
	やったことがある内容だったから、単語の意味が想像できたけど、やったことがない内容だったら英語だと分からないな。	1
	図がないと分からないなと思った。	1
	面白かったけど、テストでこれが出たりすると面倒だなと思った。	1

ここでは、否定的意見が若干多い結果となった。気になった回答は「図がないと分からない」という意見である。文章だけのものよりも、図形や絵を用いた方が理解できるということである。つまり、視覚的資料をうまく活用すると、理解が深まるということになる。中高の英語授業でも、オーラル・イントロダクションとして新しい単元の学習に入る際、ヴィジュアル教材を用いる傾向にあり、学習内容の背景を理解させる指導として定着している。文部科学省も新たな学習指導要領で端末や PC を視野にいれた「ICT 活用」を「資質・能力」のひとつとして教育することを提唱している。笹島（2011）は、より理解を深めるため、情報を多角的に再構成するのに、「チャート、図、絵、実験、貴重な概念や用語の図解などがよく

使われる CLIL 指導のストラテジーである」としている。

2.1.3 国語

CLIL 3「伊豆の踊子」（p.58 参照）では、英語が全て分かる 4 名(15%)、少しわからないところがある 22 名(81%)、ほとんど分からない 1 名(4%)であった。内容についてよくわかった 12 名(44%)、だいたい分かった 14 名(52%)、あまり分からなかった 1 名(4%)であった。

内容が「よくわかった」生徒が 12 名に対し、英語が「全てわかる」生徒は 4 名であるので、内容は「よくわかっている」のだが、理解できない英語に出くわしたのであろう。国語では、日本語と英語のことばの違いに触れ、興味をもって学習に取り組んだ様子がコメントの多さと内容からうかがえる。たとえば、日本語では「伊豆の踊子」というが、英語では“Dancing girl”というように、このことばの違いを楽しめる生徒がいる一方、なかなかそのことばの変換に納得がいかない生徒もいるようである。理解パターンの分布は以下の通りである。

表 44：CLIL３自由記述と理解のパターン（国語）

英語	内容	clil 3	人数
＋＋	＋＋	英語が全てわかり、内容もよくわかった。	4
＋	＋＋	英語が少しわからないところがあるが、内容はよくわかった。	8
＋＋	＋	英語は全てわかるが、内容は少しわからないところがある。	0
＋	＋	英語が少しわからないところがあるが、内容はだいたいわかった。	14
－	＋	英語はほとんどわからないが、内容はだいたいわかった。	0
＋	－	英語が少しわからないところがあり、内容はあまりわからなかった。	0
－	－	英語はほとんどわからず、内容もあまりわからなかった。	1

中間値として（＋/＋）が 14 名いる。実験群の 51%に相当するので、教材の妥当性はあると判断できるであろう。CLIL 2（数学：時間と距離）ほどではないが、CLIL の理解パターン（+/++）を使った生徒が 8 名存在する。筆者の個人的な意見になるが、CLIL 教材として適している教科は国語であると考える。文科省が提唱する「国語教育との連携を図り日本語

の特徴や言語の豊かさに気付く指導の充実」を念頭に行う外国語教育を行うのであれば、国語を扱うことにより、外国語との違いに気づき、延いては言語文化の違いに気づく異文化理解教育につながると考える。実際に生徒たちのコメントは、8回行ったすべてのCLIL系読む活動の自由記述のなかで、国語に関するコメントが最も多く書かれているのである。

表45：個人動向　伊豆の踊り子

	英語	内容	性別	べ英3	差	内差	外差	エゴグラム	英検	自律要因
#6	+	++	M	57	-1	0	+2	FC	3	○
#8	+	++	M	68	0	+3	+2	A	準2	○
#10	+	++	M	66	-3	+3	+6	FC	準2	
#11	+	++	M	62	+8	+3	-1	A/FC	3	
#23	+	++	F	64	+2	-4	+2	A	3	
#25	+	++	F	61	+4	-13	-6	A	3	○
#28	+	++	F	64	+7	+1	-3	A	準2	○
#32	+	++	F	55	+4	+1	+1	A/FC	3	○

この英文を読んで、何か気づいた英語の表現や「面白いなぁ」と感じた箇所があったら、自由に書いてください	
#6	青春がspring timeと書くことに驚きました。物語は過去形で書かれるんだなと思いました。
#8	記入なし
#10	接続のthatが多い気がした。Izu dancerと思っていた。
#11	近くにという場合にclose（閉める）を使っているところ。旅芸人一座というときにroad companyとcompany(会社）という単語を使っている。
#23	記入なし
#25	伊豆の踊子、国語の授業でやった！青春って spring time って書くんだ。Blue springだと思っていた。着物はやっぱり日本の言葉だったんだ。
#28	青春は春の時で、spring timeは面白い。ひと巻きはa rollでそのままって感じなのですね。A road companyが旅芸人の一座とは会社のことなのですね。
#32	青春はspring timeと書いてある。近くにはcloseと書いてある。
英語で小説を読むのはいかがでしたか？自分の感じたことを書いてみましょう	
#6	日本語を使っているからそう思うのかもしれませんが、英語で読むと、感情が文から理解しにくいなと思いました。

#8	小説を英語で読むと Dancing Girl in Izu のような、これは英語でこうやって書くのかというようなところがあって面白かった。
#10	孤児根性がやっぱり切ない。英語版でも love story にしかとらえられないのかなと思った。
#11	現代文の授業で一度やったことがある小説でしたが、こうして英語で読んでみると日本語を英語で表現するとこういう表現になるのだなぁという箇所がいくつかあり、面白かったです。
#23	日本のものを英語で表現すると、違うもののように感じるので、物語全体も、日本語でよむのとは違う感じがした。外国の物語も私たちが日本語にされたものをよんでいると現地の人がよんでいるのとは少し感覚が違うのかなと思った。
#25	楽しかった。少し難しかったけど、内容がよくわかってよかった。読みやすかった。
#28	もともと日本語で読んだことがあったので、和訳して読んでいくことがとても楽しかったです。今度は日本の童話を英訳されたものをもっと読んでみたいと思いました。日本の小説などが英訳されたものを読むことはとても興味深いです。
#32	伊豆の踊子は一度授業でやっていた文章でしたが、英語で読んでいても途中つかえたところはありますが、大体理解することができてよかったです。他の有名な本も英語で読んでみたいと思いました。

あくまでも参考までにしかならないが、8 名のうち 5 名の生徒の英語の成績が CLIL 系指導終了後のベネッセ実力テストで上がっていることがわかる。ここで特に注目することはエゴグラムである。CLIL の理解パターンを使った生徒のなかではエゴグラム FC が目立っていたが、国語においては、1 名（#10）を除き、7 名が A もしくは A と FC が良好状態の生徒が多い。これは国語という教科に関係するのであろうか。FC は「明朗快活」「積極的」なので、コミュニケーション活動に向いていると言われている。それが外国語学習に向いている要因と判断されている理由である。A は、「計画性がある」「判断力がある」ので、継続的に続けられることが向いており、語学学習はもちろんのこと、文学作品を読むなどの読書はその範疇に入るのかもしれない。各コメントをみると、日本語を表す英語の表現の仕方に興味を示したのも有益な気づきであるが、日本の文学作品を英語で読むことに生徒たちが興味を示したのはさらに有益な気づきを与えたのではないだろうか。何よりも、自由記述のコメントの量が他の CLIL

系読む活動のそれよりも多いのである。さらに、「面白かった」「楽しかった」というコメントが多く寄せられたのも、国語である。

しかし、一方で気になるのは、(−/−) :英語も内容もほとんど分からなかった生徒が1名いることである。この生徒は女子（#30）である。ベネッセ実力テストの英語の成績は2回目が58、3回目が62である。ちなみに、国語の成績は、2回目が56、3回目が62であった。コメントは、「伊豆の踊子がpure love storyだということ。旅芸人をroad companyとあらわしている」、「普通に現代文の授業でやったけど、英語で表すとこんなに違うんだと思いました。でもdancing girl in Izuと表現しても直訳でわかるし、その他の文も大体読み取れました」とあり、自律要因も見出せた。エゴグラムは、A も FC も良好状態にあるが、性格は、「自分本位タイプ。相手は周りの思惑など一切気にせずに自由奔放にふるまう」とある。彼女は、CLIL 7（文明開化）でも（−/−）の理解パターンであった。学校の評定をみると、国語と技術家庭が 3、音楽が 5、その他はすべて 4 である。評価全体をみると、国語という教科としての学習が好きなのではないかもしれない。教科兼クラス担任によると、あまり友達の輪に入りたがらないが、大人っぽく、他の生徒と比べて物をよく知っているので、いろいろな本を読んでいるのではないかということである。評定では技術家庭が他の教科に比べて低いが、彼女が CLIL の理解パターンを使って教材に取り組んでいるのが、CLIL 5 で扱う家庭科なのである。生徒ひとりひとりの動向に統一性はない。個々の学習者に目を向け、学習者にあった学習ストラテジーを提供できる教師になるということは、簡単に越えることのできない大きな課題であると考えられる。表 48 は、実験群の生徒たち全てのコメントを同様の傾向で分類したものである。

「青春は“spring time”と書く」ことに14名の生徒が面白いと感じていた。「まさかそんな英語になるとは」と思ったようである。教科担任によると授業中に「なんかまぬけっぽい！」と発言して笑い合う生徒がいたそうである。他にも、英語表現の面白さに気づいているコメントをみると、日本語と英語の表現の違いに気づくことが、英語学習の楽しさにつながればよいと期待する。

表 46：自由記述「この英文を読んで、何か気づいた英語の表現や「面白いなぁ」と感じた箇所があったら、自由に書いてください」

	コ　メ　ン　ト	人数
英文に関する気づき	「青春」は“spring time”と書くこと。	14
	「近くに」は“close”という単語を使う。	5
	「旅芸人の一座」を“road company”と書くこと。	4
	「伊豆の踊子」は“Izu Dancer”だと思ってた。	1
	「映画化された」は“brought”という単語を使う。	2
	「青春」も“spring time”もどっちも「春」が入っている。日本人もアメリカ人も春っぽい感じをイメージしているのかな。	2
	“Dancing Girl”と言われるとポップな踊っている女の子のように思えた。	1
	「作品」は“work”なのか。	1
	「ひと巻き」は“a roll”でそのままだ。	1
	他人とあまり話せないことを“shy”と書くこと。	1
	たばこ(tobacco)のスペルが面白い。	1
	着物はやっぱり日本語の言葉だったんだ。	1
	物語は過去形で書かれるんだな。	1
	日本語を英語で書くとこんなに長くなるのか。	1
	同じ言葉がたくさん出てくる。１つ１つの文が短い。	1
	日本語で書かれたのと英語で書かれたのでは違う内容のように感じる。	1

さらに、２つめの自由記述におけるコメントは表 47 のとおりである。ここでも、「面白い」「理解できた」などの肯定的意見が多かった。現代文の授業で学んだことを活かしながら英文を読めている生徒がおり、知識を使いながら英文を読むことができていることがわかる。まさに CLIL の理念である。しかし、「日本語の方がよい」というような否定的意見があり、英語に慣れておらず少し抵抗感がある生徒もいるということがうかがえる。「英語で読むと感情が文章から理解しにくい」、「日本の名作は日本語で読

みたい。英語だと作者の言いたいことが伝わってこない」などは高度な意見であると感じる。「日本の文学作品なのに、なぜわざわざ英語で読む必要があるのか」ということであろう。

表 47：自由記述「英語で小説を読むのはいかがでしたか？自分の感じたことを書いてみましょう」

	コメント	人数
肯定	日本語で読むのとは感じ方が違う。	5
	小説を英語で読むと、英語ではこうやって書くのかというようなところがあって面白かった。	3
	現代文の授業で学んだことと照らし合わせて読んだため、理解しやすかった。	3
	難しかったけど、大体の内容は理解できた。	3
	英語で表現する方が難しい言葉がなくて日本語の表現よりも分かりやすい。	2
	日本の名作を英文で読むことは、とても興味深かった。	2
	知っている話でも英語で読むと、また新しい発見ができる。	1
	大体の単語が授業で習っていたので、とても読みやすかった。	1
	自分が知っている単語が出てきて、知識が役に立ってうれしい。	1
否定	結構難しく、今度はいろいろな本を読んでいこうと思った。	1
	日本語とは全く違う意味の英語で表しているのでとても読むのが難しかった。	1
	単語が分かっていないと読めないので、少し難しかった。	1
	英語で読むと感情が文章から理解しにくい。	1
	英版でもラブストーリーにしかとらえられないのかなと思った。	1
	日本の名作は日本語で読みたい。英語だと作者の言いたいことが伝わってこない。	1

2.1.4 社会

社会は、4 回目（秀吉の天下統一：CLIL 4）と 7 回目（文明開化：CLIL 7）の教材として扱った（p.59, p.62 参照）。

CLIL 4「秀吉の天下統一」では、英語が全て分かる 1 名(4%)、少しわからないところがある 25 名(92%)、ほとんど分からない 1 名(4%)であった。内容については、よくわかった 9 名(33%)、だいたい分かった 15 名

(56%)、あまり分からなかった3名(11%)であった。

「秀吉の天下統一」では、数学や国語に比べて内容が「よく分かった」という生徒が少なく、「あまり分からなかった」と答えた生徒が 3 名いた。おそらく、歴史の知識として「刀狩り」などの単語は知っている、または聞いたことがあるが、「刀狩り」という出来事の内容までは詳しくなく、英語で読んでも理解できなかったのではないかと考えられる。さらに、「秀吉の天下統一」では、西暦と出来事を答え、年表を完成させる問題が6問（西暦3問、出来事3問）あった。①③⑤は西暦を書き、②④⑥は西暦に合わせた出来事を書いてもらった。6 問全て正解した生徒は 21 名(78%)、5 問正解した生徒は 4 名(15%)、4 問正解した生徒は 2 名(7%)であった。

自己評価で内容が「よく分かった」と回答した 9 名のうち、6 問全て正解しているのは7名で、残りの2名は5問正解で1問間違っていた。自己評価では理解していると回答していても、正答率を見ると理解できていなかった生徒がいたということになる。また、内容が「あまり分からなかった」と回答した 3 名は、2 名が 6 問全て正解で、1 名は 4 問正解だった。内容が「だいたい分かった」が英語は「ほとんど分からない」と回答した生徒 1 名は、4 問正解であった。もちろん自己評価であるので、「理解している」と学習者が判断しても正解に直結するわけではない。

また、一問ずつの正答率も算出した。①は 27 名(100%)、②は 25 名(92.6%)、③は 25 名(92.6%)、④は 26 名(96.3%)、⑤は 25 名(92.6%)、⑥は 26 名(96.3%)であった。

①は、最初に出てくる西暦を見つけることができればよいので、英文が理解できなくても探せたのかもしれない。しかし、出来事や後に出てくる西暦はしっかりと文章を読まなければ分からない。歴史の知識や前置詞などの文法が分かっていなければ、解けなかったのではないかと考える。理解パターンの分布は以下の通りである。

表 48：CLIL 4 自由記述と理解のパターン（社会 4）

英語	内容	clil 4	人数
＋＋	＋＋	英語が全てわかり、内容もよくわかった。	1
＋	＋＋	英語が少しわからないところがあるが、内容はよくわかった。	8
＋＋	＋	英語は全てわかるが、内容は少しわからないところがある。	0
＋	＋	英語が少しわからないところがあるが、内容はだいたいわかった。	14
－	＋	英語はほとんどわからないが、内容はだいたいわかった。	1
＋	－	英語が少しわからないところがあり、内容はあまりわからなかった。	3
－	－	英語はほとんどわからず、内容もあまりわからなかった。	0

中間値である（＋/＋）が 14 名と国語と同様 51%に相当するので、教材の妥当性はあると判断する。（＋/－）が 3 名いるが、英語が大体わかるのに内容はあまりわからないと解釈できるので、教科内容の理解ができていないのかもしれない。CLIL の理解パターン（＋/＋＋）を使った生徒は 8 名、（－/＋）を使った生徒は 1 名で計 9 名となる。CLIL の理解パターンを使った生徒の一覧は表 49 のとおりである。

ここでは、男子生徒の数が多いことが特徴として挙げられるであろう。9 名のうち、＃6・＃10・＃19 の 3 名の生徒は、2 回以上の登場となる。＃6 と＃10 は男子生徒の中で、特に CLIL の理解パターンを使っている 2 名であり、8 回の CLIL 系読む活動のうち、半分の 4 回は（＋/＋＋）のパターンで英文を読んでいることになる。しかし残念なことに、表 49 では、第 3 回ベネッセ実力テストの成績が下がっているのは、準 1 級を保持している＃13 と、＃6 と＃10 である。＃13 は実験群から外すべき帰国子女や家族に外国人がいる条件にはあてはまらない。家庭の英語教育に対する熱意から早期から英検受験対策をしていたということである。この特別な条件の＃13 を除くと、CLIL の理解パターンを継続して使用する 2 名の生徒の英語実力は下がる傾向にあるという結果になってしまうが、興味深い傾向としてとらえられる。もちろん、統計的分析では、CLIL 系読む活動と英語の成績に有意な差がなかったことはすでに述べた通りである。

表 49：個人動向　秀吉の天下統一

	英語	内容	性別	べ英３	差	内差	外差	エゴグラム	英検	自律要因
＃4	＋	＋＋	M	57	+2	+1	0	A	3	○
＃6	−	＋	M	57	-1	0	+2	FC	3	○
＃10	＋	＋＋	M	66	-3	+3	+6	FC	準２	
＃11	＋	＋＋	M	62	+8	+3	-1	A/FC	3	○
＃12	＋	＋＋	M	67	+1	+3	+4	FC	準２	
＃13	＋	＋＋	M	70	-3	-2	-4	FC	準１	
＃15	＋	＋＋	F	57	+3	+1	+3	FC	3	
＃19	＋	＋＋	F	60	+5	+7	+7	FC	4	○
＃23	＋	＋＋	F	64	+2	-4	+2	A	3	○

自分の感じたことを何でも書いてみましょう	
＃4	英語で年表を作るのは初めてですが有名な秀吉の年表だったので意外と簡単にできました。
＃6	秀吉は歴史で習ったこと以外にも色々なことをやっていることがわかりました。
＃10	defeated と unified がわからなかった。
＃11	全国統一という表現が unification of Japan ということが面白いなと思った。
＃12	少しわからない単語があった。
＃13	feudalistic などは日本語訳がなければわかりませんでした。
＃15	日本の歴史のことでもこれだけ英語で表せるのかと思いました。
＃19	defeated の意味が分からない。年貢や封建制度などの歴史用語を英単語を初めて見ました。
＃23	自分お国の知っている人物の話なので、英語でも分かったが、知らない人物だったらすぐには頭に入ってこないと思った。

表 50 は、実験群の生徒たち全てのコメントを同様の傾向で分類したものである。「歴史を英語で読むことは興味深い」などの肯定的意見が挙げられた一方で、歴史は専門用語が入ってくるため、単語が読めずに難しいと感じた生徒もいた。歴史は馴染みのない言葉を使うこともあるので、内容理解が伴っていないと英文を読むのは難しかったかもしれない。英文に関する気づきでは、刀狩りや太閤検地など、歴史用語の表現について興味を持った生徒がいた。これは、国語（伊豆の踊子）でも似たような傾向があった。また、日本語と英語の語順の違いについて気づく生徒もおり、

『「○年に○○をした」ではなく、「○○をした○年に」となっていて日本語と英語の違いがよく分かった』は、筆者にとっては興味深いコメントであった。「いつ」を表す言葉は英語では最後に置く傾向にある。ところが日本の場合は、「いつ」は最初に置く傾向にある。小学生が作文を書く学習の最初には、「いつ、どこで…」という順に指導を受ける。筆者が中高の教員であったころは、英作文の指導をするたびに言語距離を感じていた。授業中に何度か説明してもなかなか定着しないのだが、すでに知っている歴史の内容を英文で読めば、学習者が自ら気づくのである。これは言語形式のみならず、言語における異文化に気づいたことにもなる。

表 50：自由記述「自分の感じたことを何でも書いてみましょう」

	コメント	人数
肯定	歴史の文章を英語で読むことはとても興味深かった。	4
	日本の歴史を英語で書くと普段より難しく感じた。しかし読みがいがあって面白かった。	1
	日本語で習った歴史を英語にすると、こんな英語になるんだと思った。	3
	授業で習ったことがあるので、読みやすい。	1
	秀吉が天下を取るまでにとった行動が良く分かった。天下を取ってからもいろいろなことをしてすごいと思った。	1
	英語で年表を作るのは初めてだったが、有名な秀吉の年表だったので、意外と簡単にできた。	1
否定	英文は読みづらかった。少しわからない単語があった。	4
	“defeated”と“unified”が分からなかった。	2
	今まで英語でやった教科の中で歴史が一番難しいと思った。	1
	歴史の専門用語が出てきて、分からないところが増えた。	1
	自分の国の知っている人物なので英語でも分かったが、知らない人物だったらすぐには頭に入ってこないと思った。	1
英文に関する気づき	全国統一は“unification of Japan”ということが面白い。	2
	刀狩りはそのまま“Katana-gari”ということにびっくりした。	2
	太閤検地はそのまま“Taiko-kenchi”と書く。	1
	“Divided”は区別したという意味になるんだ。	1
	「○年に○○をした」ではなく、「○○をした○年に」となっていて日本語と英語の違いがよく分かった。	1

CLIL 7「文明開化」では、英語が全て分かる４名(15%)、少しわからないところがある 21 名(78%)、ほとんど分からない２名(7%)であった。内容についてよくわかった９名(33%)、だいたい分かった 16 名(59%)、あまり分からなかった１名(4%)であった。

表 51：社会の比較

	英　語				内　容			
	3	2	1	0	3	2	1	0
4．社会 豊臣秀吉	1名 (4%)	25名 (92%)	1名 (4%)	0名 (0%)	9名 (33%)	15名 (56%)	3名 (11%)	0名 (0%)
7．社会 文明開化	4名 (15%)	21名 (78%)	2名 (7%)	0名 (0%)	9名 (33%)	16名 (59%)	1名 (4%)	0名 (0%)

「秀吉の天下統一」と「文明開化」と比べると、若干ではあるが、「文明開化」の方が英語と内容の両方理解できていた生徒が多くなった。内容が「よく分かった」生徒は、どちらの学習でも９名と同じである。このことから、歴史を得意とする、または歴史が好きな同一の生徒９名であったのではないかと考え、データを調べたが、９名中５名が「秀吉の天下統一」と「文明開化」においてともに内容が「よくわかった」と答えた生徒であった。「内容がよく分かった」が教科の得意不得意に直結するわけではないことが分かる。理解パターンの分布は以下の通りである。

表 52：CLIL７：自由記述と理解のパターン（社会７）

英語	内容	clil 7	人数
＋＋	＋＋	英語が全てわかり、内容もよくわかった。	3
＋	＋＋	英語が少しわからないところがあるが、内容はよくわかった。	6
＋＋	＋	英語は全てわかるが、内容は少しわからないところがある。	1
＋	＋	英語が少しわからないところがあるが、内容はだいたいわかった。	15
－	＋	英語はほとんどわからないが、内容はだいたいわかった。	0
＋	－	英語が少しわからないところがあり、内容はあまりわからなかった。	0
－	－	英語はほとんどわからず、内容もあまりわからなかった。	2

この教材も中間値である（+/+）が 15 名と実験群の 56%に相当し、妥当性はあると判断できる。ここでは、（−/−）：英語も内容もほとんどわからないと解釈できる生徒が 2 名いる。1 名は前述の生徒＃30 である。もう 1 名は男子生徒である。ベネッセ実力テストでは偏差値が 2 回目が 53、3 回目が 59 であり、英検は 3 級と一般的な生徒であると見受けられる。ちなみに、社会の評定は 4 である。コメントは、「馬車だから horse と car を使うのかと思ったら、一語だった」、「いろいろと西洋の文化を取り入れて新しいものがいっぱいあったのだろうと思った」などである。彼はエゴグラム A が非常に低い。A は「計画性がない」「おひとよし」であるが、彼は他のエゴグラム要因においてもエネルギーが低く、「イライラタイプ：言いたいことがあっても我慢してしまい、人の言いなりになりやすい」とある。社会における自律要因は見出せないが、2 回実施された数学と家庭科においては自律要因を見出せた。ただし、英語の評定は 3 であり、この実験群のクラスの 88%が英語の評定が 4 であり、5 は 1 名で 3%、評定 3 は 3 名で 9%となる。偏差値からみる英語の実力はあるので、評定 3 の原因はおそらく課題処理や授業態度ということになるが、A が低いことから計画性のないことがわかり、課題処理などが怠っていたと考えられる。後日教科担任に尋ねたところ、反抗期ではないかという回答であった。学習は学習者の発達段階が影響することが改めてわかる。「CLIL を実施したから効果があった」「成績が上がった」という報告があるとして、その学習者の集団がたまたま発達段階として学習に好意的な時期だったことも起因すると考えると、データの信ぴょう性に関しては冷静に判断するべきであろう。（+/++）の理解パターンを使った生徒は以下のとおりである。成績や英検については、これまで述べてきたので、特に言及はしていない。表 53 は CLIL の理解パターンを使った生徒の一覧である。

表 53：個人動向　文明開化

	英語	内容	性別	べ英３	差	内差	外差	エゴグラム	英検	自律要因
＃3	＋	＋＋	M	62	-3	+4	+2	A/FC	準２	○
＃6	＋	＋＋	M	57	-1	0	+2	FC	3	○
＃15	＋	＋＋	F	57	+3	+1	+3	FC	3	
＃23	＋	＋＋	F	64	+2	-4	2	A	3	○
＃28	＋	＋＋	F	64	+7	-13	-6	A	準２	○
＃33	＋	＋＋	F	60	-4	0	-6	FC	準２	

この英文を読んで、何か気づいた英語の表現や「面白いなぁ」と感じた箇所があったら、自由に書いてみましょう。	
＃3	文明開化に英語があることに驚いた。
＃6	人力車は Human-powered cart ということを初めて知りました。
＃15	いろいろ難しい単語があって、少し読みづらかったです。
＃23	Thought で思想という名詞になると分かった。
＃28	活版印刷は letterpress printing という単語で表すということが分かった。人力車は human-powered cart とあらわすということがわかり、新しい発見ができた。
＃33	本の名前や呼び方は日本語をアルファベットで書いても意味が通じないので英語の意味もカッコ付で加える必要があるんだなと思いました。
この英文を読んで、何か気づいた英語の表現や「面白いなぁ」と感じた箇所があったら、自由に書いてみましょう。	
＃3	この時代がなかったら、今の日本にあるいろいろなものがないことになってしまうのですごいと思う。
＃6	やっぱり外国の進んだ文化を取り入れるのは良いことだと思いました。
＃15	これがなかったらまだ今の日本はこんな感じじゃなかったかもしれないので、大きな出来事だったと思う。
＃23	日本は工業技術や学問以外に、なぜ食べるものや着るものまで欧米をまねるのだろうと思った。
＃28	日本だけではなく、外国があったからこそ、日本が成長できたのだと思います。
＃33	記入なし

CLIL の理解パターン（＋/＋＋）・（－/＋）をつかった生徒は「秀吉の天下統一」では男子が多かったが、「文明開化」では女子が多い。CLIL 7 までになると、すでにこの理解パターンを使う生徒がしぼられてくる。＃23 は、理科を除くすべての CLIL 系読む活動においてこのパターンを使って

いるし、彼女のコメントも個人的には面白いと感じている。「文明開化」では、「日本は工業技術や学問以外に、なぜ食べるものや着るものまで欧米をまねるのだろうと思った」というコメントである。また、国語（伊豆の踊子）では、「日本のものを英語で表現すると違うもののように感じるので、物語全体も日本語で読むのとは違う感じがした。外国の物語も私たちが日本語にされたものを読んでいると現地の人が読んでいるのとは少し感覚が違うのかなと思った」とある。彼女はエゴグラムのAが他の生徒と比較して良好状態のエネルギーが高い。つまり、他の生徒に比べ計画性があり判断力がある。大人タイプで思慮分別があるとエゴグラム結果にある。大人のような落ち着いた意見であると感じる。

ここでさらに注目するのは、統計分析ではエゴグラムFCと自律要因に相関傾向があったのだが、質的にはエゴグラムAの要因が良好状態にある生徒のコメントから自律要因が見出せたということである。これは歴史の内容を整理するのに、時系列に出来事をまとめる作業を考えると、Aのパーソナリティが活かされるのではないだろうか。CLIL 7では文章は比較的長く、CLIL 4「秀吉の天下統一」の教材のように出来事をまとめる年表が用意されていないので、頭の中で英文を読み理解し時系列に順を追って内容を考えることになる。つまり、継続的に根気強く英文を読み、それを理解しまとめる力が必要なので、今回はエゴグラムAの要因が影響を与えているのかもしれない。統計分析では、AとCLIL系読む活動の内容理解における自己評価の平均に相関傾向があることがわかっている。「文明開化」では2つの設問に関し自由記述をさせた。表54は、実験群の生徒たち全てのコメントを同様の傾向で分類したものである。「この英文を読んで、何か気づいた英語の表現や「面白いなぁ」と感じた箇所があったら、自由に書いてみましょう」においては、単語の表現についての気づきが全てであった。日本語の表現を英語でも分かりやすく表現されているということに気づくことができている。歴史の教材をとおして英語を学ぶことで、異文化理解に発展することが伺える。つまり、異文化理解をねらいとして CLIL 指導をするのであれば、歴史の教材を使うことがよいのではないだろうか。笹島（2011）は、ヨーロッパやアジアにおける詳しい CLIL 実践の紹介や授業のデザインを提供している。新しい発想の授業として数学のみならず、理科や歴史を外国語で教えることの効果についても言及している。

表 54：自由記述「この英文を読んで、何か気づいた英語の表現や「面白いなぁ」と感じた箇所があったら、自由に書いてみましょう」

	コ　メ　ン　ト	人数
英文に関する気づき	「太陽暦」は“solar calendar”、「太陰暦」は“lunar calendar”と書く。	3
	「人力車」を“Human-powered cart”「人の力で動くカート」と表現している。	3
	「太陽暦」は“The solar calendar”と書くのか。	2
	「人力車」や「活版印刷」は英語で表せるんだ。	2
	「活版印刷」は手紙と圧(をかける)という単語で表すのか。	2
	「学問のすすめ」を「学問を奨励する」と表現している。	2
	「文明開化」に英語があることに驚いた。	2
	「太陽暦」と「太陰暦」は漢字では一文字しか違いがないが、英語は全く違う単語だった。	1
	“thought”で「思想」という名詞になるのか。	1
	“popularized”は“popular”とスペルは似てるけど、意味は違うな。	1
	「民主主義」は“democracy”という１単語で表せる。	1
	「鉄道」は「線路の道」と書くこと。	1
	「暦」は“calendar”と書くこと。	1
	「馬車」は“horse”と“car”を使うのかと思ったら、１単語あるんだと思った。	1
	「レンガ」は“brick buildings”と書くのか。	1
	本の名前や呼び方は日本語をアルファベットで書いても意味が通じないので英語の意味もかっこで付け加える必要があるんだな。	1

表 55 は２つめの設問に対するコメントである。文明開化について自分の意見を自由に書いてみましょう」では、「文明開化」という歴史的事実に関する発見的なコメントが多かった。理科「細胞のはじまり」と同様、生徒が英語の教材をとおして言語以外に発見した内容は歴史の授業の中で

も扱ったことであろう。「文明開化」の詳細やポイントについて、歴史の授業中には理解できていなかった内容があるかもしれない。英語で復習することによって気づいた・理解できた部分があったのではないか。これが教科横断型学習の利点といえよう。池田（2011）は、「そもそも CLIL は英語による既習事項の学びなおしではないので、生徒がすでに習得している内容はテクストの英語難易度とは無関係に素材としては適切ではない」としているが、中学生の段階ではスキーマの活性化を促す活動として復習は適していると考えてよいのではないだろうか。

表 55：「文明開化について自分の意見を自由に書いてみましょう」

	コ メ ン ト	人数
感想	昔の人が頑張って文明開化をしてくれたおかげで、今の暮らしがあると、この文を読んで改めて思った。	5
	文明開化によって昔の習慣などがなくなったり、変わったので少し残念。	3
発見	外国の制度、文明、文化を積極的に取り入れ、日本を発展させようとしていたことが分かった。	6
	日本の今までの文化が大きく変わったということがよく分かった。	3
	今私たちが使っているものには西洋から取り入れられたものがたくさんあることが分かった。	3
	文明開化はさまざまな技術が発展したことが分かった。	2
疑問	日本は、工業技術や学問以外に、なぜ食べるものや着るものまで欧米を真似たのだろう。	1
肯定	文明開化は難しい印象が強い。英語で読むと、難しい単語もあるけど、読める気がする。	1
否定	難しい単語があって、少し読みづらかった。	1

2.1.5 家庭科

CLIL 5「幼児のおもちゃ」（p.60 参照）では、英語が全て分かる 3 名(11%)、少しわからないところがある 22 名(82%)、ほとんど分からない 2 名(7%)であった。内容についてよくわかった 9 名(33%)、だいたい分かった 15 名(56%)、あまり分からなかった 2 名(7%)、全くわからない 1 名

(4%)であった。

ここでは、内容が全く分からないという生徒が 1 名いた。英文の内容がおもちゃの作り方であり、その行程が書かれているため、状況をイメージするのが不得意な生徒には少し内容を読み取ることが難しかったのかもしれない。また、おもちゃ作りを実際に経験したり、日ごろから工作などものづくりが好きな生徒には理解できたが、逆に家庭科を苦手としている生徒や、ものづくりの経験がない生徒には馴染みがなかったため、内容が「まったく分からない」生徒がいたのではないかと考える。学校では机上の知識のみならず、経験をとおして知識を活かし学ぶことが英語学習にも必要なのだと改めて感じる。理解パターンの分布は以下の通りである。

表 56：CLIL５ 自由記述と理解のパターン（家庭科）

英語	内容	clil 5	人数
＋＋	＋＋	英語が全てわかり、内容もよくわかった。	3
＋	＋＋	英語が少しわからないところがあるが、内容はよくわかった。	6
＋＋	＋	英語は全てわかるが、内容は少しわからないところがある。	0
＋	＋	英語が少しわからないところがあるが、内容はだいたいわかった。	15
ー	＋	英語はほとんどわからないが、内容はだいたいわかった。	0
＋	ー	英語が少しわからないところがあり、内容はあまりわからなかった。	1
ー	ー	英語はほとんどわからず、内容もあまりわからなかった。	2

家庭科においても、中間値（＋/＋）が 15 名なので、教材としての妥当性があると判断する。CLIL の理解パターンを使ったものは 6 名いる。一方で内容があまりわからなかった（＋/ー）・（ー/ー）が 3 名いる。ものづくりの行程なので説明書のような英文となるが、家庭科の授業内容というよりは、実生活で経験する可能性のある料理作りのレシピなど、authentic な教材を使ったと考えるとよいだろう。実際に説明書などを読みながら、プラモデル作成などのものづくりの経験がない生徒には難しかったかもしれない。以下表 57 は CLIL の理解パターンを使った生徒の一覧である。

表 57：個人動向　幼児とおもちゃ

	英語	内容	性別	べ英 3	差	内差	外差	エゴグラム	英検	自律要因
＃6	＋	＋＋	M	57	-1	0	+2	FC	3	○
＃15	＋	＋＋	F	57	+3	+1	+3	FC	3	
＃19	＋	＋＋	F	60	+5	+7	+7	FC	4	○
＃23	＋	＋＋	F	64	+2	-4	+2	A	3	
＃30	＋	＋＋	F	62	+4	+1	0	A/FC	3	○
＃31	＋	＋＋	F	55	+2	+1	-4	FC	3	○

この英文を読んで、何か気づいた英語の表現や「面白いなぁ」と感じた箇所があったら、自由に書いてみましょう。	
＃6	decorate が飾るで decorations が飾り物だということ。
＃15	rubber がゴムということを初めて知った。
＃19	記入なし
＃23	記入なし
＃30	作り方を説明するときに、first, next, finally を使って手順を述べている。
＃31	指人形は 1 つでも s がつくことがわかった。指が 10 本あるから？と思った。

ここでは、女子生徒が多いことが目立つ。家庭科という教科の特性もあるかもしれない。＃6 の男子生徒は、CLIL の理解パターンをよく使っている。この生徒は、すべての CLIL 系読む活動において自律要因が見出されている。彼は、理科以外の学習にはすべてこの理解パターンを使って英文を読んでいる。英語の成績とは現段階で直結してはいないが、継続的に考えるとよい自律的学習者になるのではないかと推測できる。

＃19 の女子生徒は 8 回の CLIL 系読む活動において 4 回は CLIL の理解パターンを使っている。さらに＃23 の女子生徒も CLIL の理解パターンを 8 回の学習のうち 5 回使っている。両者とも今回コメントの記入はないが、今回の学習が英語学習に興味をもつきっかけとなることを期待する。＃19 はこの調査が終わるころには、英検 4 級はすでに過去の成績であると確信する。

また、国語において否定的自己評価をした＃30 であるが、コメントをみると、ロジカルな英語の構成に気づいていることがわかる。これは中学2年生にしてはレベルの高い気づきではないだろうか。すでに教えられた知識であっても、英文を読みながらそれを思い起こすことができるメタ認知能力[61]が確認できる。

笹島（2010）は「CLIL授業を受けた生徒の学力は決して見劣りしないし、干渉するどころか、逆に学力を促進する報告もある」としている。この理由として、以下のように述べている。

> これは、学習者がメタ言語意識（meta-linguistic awareness）を身につけることによると考えられています。学習者はことばを比較できるようになり、ことばを選び、内容を伝えることに正確になるということです。正確に聞き取り、意味を正確に理解し、言葉を使うのが上手くなるのです。（p.17）

家庭科のおもちゃ作りの設問には、「英文からどんな幼児用のおもちゃができるでしょうか。仕上がるおもちゃのイメージを描いてみましょう」とある。この教科では理解に対する自己評価があまり高くはなかったが、生徒たちの描いた作品を見ると、十分理解しているのではないかとも感じる。その一部を以下に紹介する。

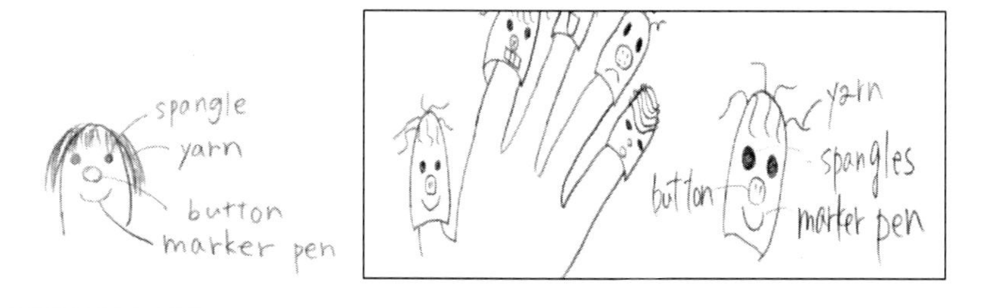

61 自分自身の認知過程を把握し、コントロールしていくことをメタ認知という。たとえば、「初めて目にする英単語を英文の中で推測することができる」などである。メタ認知能力が備わることは、学習者の自律を促し、主体的に学習を続けていくことが可能になる。

表 58 は実験群の生徒たち全てのコメントを同様の傾向で分類したものである。英文に関する気づきで、動詞と名詞など品詞が変化すると英語も変化することに気づいている。また、with, for の前置詞の使い方、手順の説明には first, next, finally を用いることに気づいているということは、英語に教科横断型学習取り入れることで、回を重ねるごとに、内容理解の知識が少なからず英語表現に「気づき」を与え、徐々に英語の知識を高めているのではないかと推測できる。

表 58：自由記述「この英文を読んで、何か気づいた英語の表現や「面白いなぁ」と感じた箇所があったら、自由に書いてください」

	コ メ ン ト	人数
肯定	英語で説明するとおもしろい表現の仕方をするんだな。	1
	授業でやった表現は、本当にこのような文にも使われているのだと改めて実感した。	1
	指人形の作り方をこのように英語を使って伝えられて面白いと思った。	1
	作り方が書いてあり、楽しく読めた。	1
	今まで学習してきた力でこの文章がだいたい理解できた。身についているのが分かった。	1
否定	指人形の作り方が英語に変わると、少し難しいと思った。	1
発見	ゴム手袋を再利用して、指人形に変えることができることにびっくりした。	2
英文に関する気づき	ゴムを“rubber”という。	3
	“decorate”が飾るで、“decorations”が飾り物だということ。	3
	「喜ばせる」「きっと」などという単語は知らなかったので面白かった。	2
	「動く」という動詞が“move”で、「動き」という名詞が“movement”。	1
	“puppet”の読み方は、遊戯王(ゲーム)で知っていた。	1
	道具を使って何かをする時は、「with 道具」と書くこと。	1
	どこかに材料をつける時は、「for 場所」と書くこと。	1
	作り方の説明で、first, next, finally をつかって手順を述べている。	1

この節では、扱った教科の視点から CLIL 系読む活動を質的にみることができ、生徒たちのさまざまな意見に目を向けることができた。生徒たちはこの CLIL 系読む活動の中でそれぞれいろいろなことに気づいたり、想

像したりしているということが分かる。特に言語の違いに対する気づきが多かったのが、国語である。「青春を“spring time”と書くことが面白い」と感じたのは14名もいた。また「青春」と“spring time”について、「青春も“spring time”も、どっちも春が入っている。日本人もアメリカ人も春っぽいイメージをしているのかな」など、ことばの違いに気づき、それをおもしろいと感じ、さらに、どのようにそのことばができたのか想像している生徒もいる。

また、社会の「文明開化」では、社会の時間に扱ったであろう学習内容が「気づき」として挙げられた。「文明開化はさまざまな技術が発展したことが分かった」、「外国の制度、文明、文化を積極的に取り入れ、日本を発展させようとしていたことが分かった」などである。社会の時間によく理解できなかったことが、英語で復習できたと考えることもできよう。

生徒にさまざまな気づきがある中で、CLIL 系読む活動に否定的意見を持っている生徒もいるということを忘れてはならない。生徒自身、各教科に得意不得意があるように、CLIL 系読む活動が苦手な生徒も存在するだろう。「分からない」が生徒の中に生まれた時、すぐ教師が教えるのではなく、ペアやグループワークなどを活用し、協働学習をとおして「気づき」を得る機会を教室に設けることは「深い学び」を導くであろう。

また、全ての CLIL 系読む活動の調査に参加しなかったため、実験群から排除した生徒のコメントで特徴のあるものを紹介する。

表 59：調査対象外のコメント（教科）

CLIL 系教材	コメント
1. 雲ができるまで（理科）	・空気の中から小さなほこりを取り込んでいるのには驚きました。 ・雲は 1 つの大きいものがあるのではなく、小さいものが集まっているのを初めて知った。
2. 時間と距離（数学）	・単語の意味がだいたいわかったので、スムーズに解けた。 ・いつもと違う風に取り組まなければならないのに、おもしろかった。 ・考えは同じだったので、普通に解けた。面白かった。

3. 伊豆の踊子 （国語）	・青春は"bule spring"だと思ってたけど"spring time"でした。（勝手な思い込みはよくないですね。） ・日本語の表現と少し違う気がしたところもあったけど、英語ではそうやって表現するのだとわかって、おもしろかった。 ・さまざまな表現があるので、数学より難しかった。 ・英語で小説を読むのは、思っていた以上に難しくありませんでした。
4. 秀吉の天下統一 （社会）	・自分が習った単語をつなげれば、こういう文章が書けると知ってすごいと思った。 ・伊豆の踊子より簡単でしたが、年貢などの歴史用語が難しかったです。 ・歴史では、順番を表す単語がたくさん使われているなと思いました。
5. 幼児のおもちゃ （家庭科）	・古いゴムを使って簡単にできるんだなと思いました。 ・知らなかった単語をたくさん学べてよかった。
6. 細胞ができるまで （理科）	・動物は「animal」だから生物も「animal」だと思っていたけれど、「organisms」だったので、すこし驚いた。 ・devided by は計算の「÷」だけの意味かと思ったけど「分割させる」という意味もある事を知りました。 ・微生物や細胞の英語の名前がわかった。 ・日本語で難しいことは、英語でもむずかしい。
7. 文明開化 （社会）	・tought に思考って意味がある。 ・ちょうど歴史の授業で勉強したので理解しやすかった。 ・難しい単語があっても、短かい組み合わせで意味が通じるということがわかった。 ・文明開化があるから、今の日本の発展があるけど、でももう少し日本の文化も大切にしたほうがいいと思った。
8. 図形の面積と確率 （数学）	・すごく面白かったです。 ・わかんない英語の部分もあるけど、図形が横にあると、なんとなく理解することができる。

個々の学習者が、語彙・語順（文法）・内容について様々な視点から教材に取り組んでいるのがわかる。この経験の長期的積み重ねが自律した学

習者の育成に貢献するのではないかと期待できる。

2.2 英語学習と自己評価アンケート

ここでは、1）CLIL 系指導前後で英語学習に関する自己評価がどのように変化したのか、2）教室内外の学習傾向の視点から、自己評価がどのように変化したのか、3）自由記述の結果について述べる。

2.2.1 CLIL 系読む活動と英語学習に対する自己評価の変化

CLIL 系指導前後で、英語学習の自己評価アンケートの結果がどのように変化したのかを概観する。

表 60 は、2014 年 10 月と 2015 年 3 月に行った CLIL 系指導前後の英語学習自己評価アンケートを項目ごとにまとめた結果である。数字は人数の割合（%）である。4 段階の評価を肯定的回答と否定的回答に二極化した。

2014 年 10 月と 2015 年 3 月に行った英語学習の自己評価アンケートでは、教室内学習に関わる全ての項目で、肯定的意見が 70%以上であった。大きな差は生じていない。特に「2. もっと英語ができるようになりたいですか」、「9. 聞いた英語を理解し、英語で会話できるようになりたいと思いますか」、においては、2 回にわたるアンケートでともに肯定的回答が 100%であるので、「英語を身につけたい」という学習者の希望に応えられる指導者の授業研究が求められているのではないだろうか。

また、「10. 学習したことをノートにまとめたり、プリントの整理をしていますか」においては、10 月では全員が肯定的回答（100%）をしている。3 月のアンケートでは若干減ってはいるが、積極的な学習に対する姿勢がうかがえる。「7. わからない英語の意味や単語の発音を、自分で調べたり、先生に質問したりしていますか」においては、肯定的意見が 70%を越えてはいるものの、全体的な肯定的意見の多さに比べると低い。学習者の自律に関わる項目であるが、積極性を期待したいところである。

表 60：CLIL 系指導前後英語学習自己評価アンケート比較

No.	項目		肯定的	否定的 %
1	あなたは熱心に英語学習に取り組んでいますか。	前	96	4
		後	93	7
2	もっと英語ができるようになりたいと思っていますか。	前	100	0
		後	100	0
3	教科書を使った学習に興味をもって積極的に取り組んでいますか。	前	85	15
		後	89	11
4	新しく学んだ英語の文法や使い方を自分から進んで理解しようとしていますか。	前	96	4
		後	96	4
5	授業で学習した大切なところ（英語や話の内容など）が理解できていますか。	前	100	0
		後	100	0
6	授業で学習した文法のしくみが説明でき、正しく使うことができますか。	前	100	0
		後	100	0
7	わからない英語の意味や単語の発音を、自分で調べたり、先生に質問したりしていますか。	前	74	26
		後	78	22
9	聞いた英語を理解し、英語で会話できるようになりたいと思っていますか。	前	100	0
		後	100	0
10	学習したことをノートにまとめたり、プリントの整理をしていますか。	前	100	0
		後	89	11
17	授業中、グループ学習などで友達と協力してコミュニケーション活動をしていますか。	前	85	15
		後	93	7
8	英語の本や雑誌を読んだり、英語の手紙やメールを書いたりしたいと思っていますか。	前	56	44
		後	67	33
11	日常生活の中で、学習した英語を活かしていますか。	前	37	63
		後	56	44
12	家庭で英語を使っている映画やテレビなどを見ていますか。	前	37	63
		後	37	63
13	英語で日記や手紙を書いたことがありますか。	前	30	70
		後	48	52
14	外国の人や仲間同士で話す機会を見つけて、英語で対話していますか。	前	19	81
		後	22	78
15	授業で興味を持った内容などについて、本を読んだり調べたりしていますか。	前	19	81
		後	19	81
16	英語で書かれた本や新聞、インターネットのサイトなどを読んでいますか。	前	19	81
		後	7	93
17	授業中、グループ学習などで友達と協力してコミュニケーション活動をしていますか。	前	85	15
		後	93	7
18	外国の異なる文化を理解することや国際的な問題や状況を理解することに積極的だと思いますか。	前	59	41
		後	67	33
19	自分が興味があることに関する英語に積極的に取り組んでいると思いますか。	前	70	30
		後	70	30
20	学校以外で英語を使う、または英語が気になる機会が増えたと思いますか。	前	74	26
		後	74	26

一方で、教室外学習に関する項目では、肯定的意見が「20. 学校以外で、英語を使う、または英語が気になる機会が増えたと思いますか」を除き、70%を越える項目はない。特に、「14. 外国の人や仲間同士で話す機会を見つけて、英語で対話していますか」、「15. 授業で興味を持った内容などについて、本を読んだり調べたりしていますか」、「16. 英語で書かれた本や新聞、インターネットのサイトなどを読んでいますか」においては、否定的意見が 70%を超えており、インプットの時期である中学 2 年生の段階では日常生活において実践しにくい項目だということがわかる。しかし、楽観的にみると、約 2 割の生徒は英語で対話をする機会や興味ある英文を

読む機会を得ているということがわかり、今後が期待できるのではないだろうか。

2回にわたるアンケートで、5人（約2割）の差が生じた項目をみると、「11. 日常生活の中で、学習した英語を生かしていますか」、「13. 英語で日記や手紙を書いたことがありますか」が挙げられ、CLIL系指導後に肯定的回答をした学習者が増えている。実際に自由記述にはこちらが指示したわけでもないのに、自ら英語でコメントを書く生徒や、自己紹介文を英語で書く生徒がCLIL系指導後に現れたのは事実である。教室外学習へ関心・意欲・態度が示される一傾向と考えられるのではないだろうか。

CLIL系指導の前後で、自己評価に大きく変化したものはなく同じような回答数を示していた。教室内学習に関する項目は、肯定的回答が圧倒的に多い。「10. 学習したことをノートにまとめたり、プリントの整理をしていますか」については否定的回答が増えたことが気になるが、自己の学習法の発見であることも期待できる。教室外学習に関する項目は、全体的に見ると否定的回答が多い項目もあるが、2回目のアンケートでは、少なからず肯定的回答が増えているので、発達段階に伴うであろう今後の向上を期待したい。

「17. 授業中、グループ学習などで友達と協力してコミュニケーション活動をしていますか」、「18. 自分の興味がある事（スポーツ・音楽など）に関する英語には積極的に取り組んでいると思いますか」においては、CLIL系指導後のアンケートで増加している。アクティブ・ラーニングや異文化理解への積極姿勢が期待できる。

全体をとおして、教室内学習に関する項目、特に「英語ができるようになりたい」、「文法などを進んで理解しようとしている」などの項目の肯定的回答が多いことから、英語に対する学習意欲や興味が高いことが分かる。しかし、学習意欲は高いが、英語の本や雑誌を読んだり、自主的な学習などの行動には移されていない。そのような学校外の活動で英語に触れる機会、海外の文化に触れる機会を日本のEFL環境では得にくいのではないだろうか。おそらく、CLIL 系指導後の自己評価アンケートは、3 月だったということもあり、受験を意識した授業[62]になってきており、教室外学習の項目に書かれている活動には届かないのではないかとも考えられる。また、この学校は、前倒しの授業を行っていて学校の授業でやることがかなり多い。生徒たちは、自ら進んで自分の意思で英語に近づこうとしていないのかもしれない。つまり、教室外学習ができる環境に自分を置く段階ではないと考えられる。「学習者の自律」を目指すのであれば、教師は、生徒が何かを発見して気づき、さらに学習意欲につながるような授業展開を工夫する必要が求められているのかもしれない。

英語学習の自己評価アンケートでは、学習意欲が高いが、自主的な学習をするという行動に移せていないということが明らかになった。日本人学習者に足りないと考えられ、CLIL で最も重要となる思考（Cognition)の環境作りを検討することにより、将来的に自律した学習者の育成が期待できるのではないだろうか。また、自由記述では、英語使用の目的意識が「外国人と会話をできるようにしたい」「海外旅行で使いたい」といったような単なるコミュニケーションのツールとして英語を使うことに意識が向いている。グローバル化が進むこの社会で、英語を仕事で使うことがこれからますます求められていくだろう。中学生の英語使用の目的意識は低いということが分かる。また、海外の文化に触れたり、また触れることによって自文化を知る場面を増やすことが必要となると考える。

2.2.2 学習者の感想から考察する英語学習への意識

英語学習の自己評価アンケートでは、最後に自由記述を設け、「英語を使って、何ができるようになりたいですか。具体的に記入してください。いくつ書いても構いません」という質問について記述させた。表 61・62 は CLIL 系指導前と後の自由記述である。2014 年 10 月と 2015 年 3 月に

[62] A 中学校は一貫校ではあるが、高校から入学する受験者とともに入学試験を受け、入学後のクラス分け判断資料とする。そのため、受験を意識した授業になる傾向がある。

同じアンケートを実施し、将来の英語使用に関する意識の動向を読み取った。

表61：2014年10月のアンケート自由記述

外国の人たちと友だちになりたい。一人で世界を旅行する。
外国の人と会話をできるようにしたい。国際社会で実用できるようにしたい。
外国の音楽の歌詞の意味を理解したい。映画を英語で見たい。
外国人と話ができるようにしたい。
字幕なしで映画を見たい。外国で苦がなく暮らせるようになりたい。
英語の本やネットの記事をスラスラ読めるようになりたい。
海外旅行で困らないくらい話せるようになりたい。
趣味で英語で困らないようになりたい。
英語の試験で高得点がとりたい。I want to get high score on the English test.
外国人に道などを聞かれたときに対応できるようになりたい。
英語のニュースを完璧に理解できるようになりたい。
外国へ行っても困らないようになりたい。
外国のひとと会話がスラスラできるようになりたい。英語の本や新聞が読めるようになりたい。
外国で普通に話ができるようにしたい。
外国で不自由なく暮らせるようになりたい。ネイティブの人の英語が理解できるようになりたい。映画を字幕なしで見たい。
外交で生活するのに困らない程度の英会話
外国の人と話せるようになりたい。
外国の人と話せるようになりたい。友達になりたい。
海外で生活するのに困らないくらいの語学力を身につけたい。
海外を旅行すること。海外の歌や映画を理解すること。
英語で外国人と話ができるようになりたい。外国で生活してみたい。世界にいけるような仕事がしたい。
外国に旅行に行って困らない程度になりたい。外国人に道を聞かれてスラスラ答えられるようにないりたい。
外国に行ってたくさんの方々と英語で会話ができるようになりたい。英語で論文を書いたり、プレゼンテーションができるようになりたい。英語で日本のことを伝えられるようになりたい。
英語で外国人と話せるくらい、上手になりたい。
外国の方と会話ができるようになりたい。英語の新聞の内容を理解できるようになりたい。
外国に行って、外国人とスラスラ話ができるようになりたい。英語で手紙などもかけるようになりたい。
アメリカのドラマや映画をみるときに字幕なしで見たい。留学したい。
海外でも不便なく生活できるくらいになりたい。

全てのコメントを、コミュニケーション（C）、旅行（T）、仕事（B）、研究・勉学（A）、趣味（H）、外国生活・留学（F）に分類し、単純集計をした。「英語が話せるようになりたい」、「発音が上手くなりたい」などの言語

表 62：2015 年 3 月のアンケート自由記述

外国の人に見に案内位の英語が言えるようになりたい。
外国の方とコミュニケーションをしたい。
海外旅行に行きたい。
外国の人と話ができるようになりたい。
映画を字幕なしで理解できるくらいになりたい。
英語の雑誌や本、インターネットの記事を読めるようになりたい。
外国人と話せるようになりたい。
ゲームのチャットで困らないレベルの単語力が欲しい。
外国へ行った際、外国人とコミュニケーションが取れるようになりたい。
外国人と話せるようになりたい。
外国へ行ってもことばで困らないようになりたい。
外国の人に話しかけられても普通に応えられるようになりたい。
会話できるようになりたい。
外国で暮らす。映画を字幕なしで見る。外国の人と話す。
外国人と話す。外国の歌の歌詞がわかるようになる。
外国の方と話す。
外国に行って会話をしてみたい。
外国の友達ができるようになりたい。
電車の中で外国人お会話を聞き取る。
外国の人と英語で話せるようになりたい。英語を読み書きをするだけにしたくない。外交の人と話す機会が欲しい。
外国人と話せるようになりたい。
外国人と楽しく会話がしたい。
海外で人としゃべれるくらいの英語
外国の人と会話できるようになりたい。
スラスラと英語の本を読めるようになりたい。

材料・活動の要素に入るものはコミュニケーション（C）として分類した。

図 16 は、1 回目と 2 回目のアンケート結果を分けて表示した。CLIL 系指導終了後のアンケート（2 回目）では、具体的な英語使用の目的が示され、コミュニケーションに対する意識が高くなっていることがわかる。

CLIL 系指導を経験した実験群は、2 回目の自己評価でコミュニケーションへの意識が高くなった。コミュニケーションに分類されたのは、読む、書く、話す、聞く、発音、文法、語彙などに関しても含めている。確かに英語の言語形式と言語活動そのものであり、日ごろから授業で扱っているものではあるが、ただ漠然と授業に参加するのではなく、「使う」ための英語学習に意識が向いたのではないかと考える。CLIL 系指導前と比べて、指導後はコミュニケーションへの意識が高くなり、旅行・仕事・学業（研究）・趣味・海外生活は少なくなっている。仕事や学業（研究）への英語の必要性にあまり実感がないようである。ただ、外国人と会話したいという意見は多く、ただ単に「話したい」だけではなく、CLIL 系指導後には、そこに「楽しく」が加わったことが印象的である。また、「英検 2 級を取りたい」とか、中には「読み書きだけでは終わらせたくない」という記述もあり、とりあえず英語をもっと使いたい、勉強したいという内容に変わり、夢が明確になっているのが伺える。

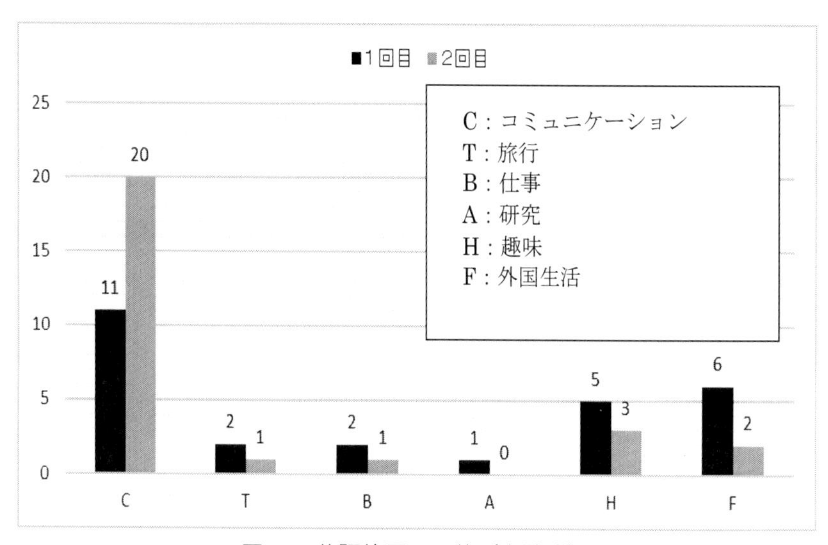

図 16：英語使用の目的（実験群）

参考までに全ての調査に参加しなかったため、実験群から除外した生徒のコメントを紹介する。会話や読解力に関するコメントになっている。

表 63：調査対象外のコメント（アンケート）

- 外国人と簡単な会話ができるようになりたい。
- 曲の中にたまに出てくる英語などが和訳できるようになりたい。
- 外国に行ったときに、会話が成り立つ程度になりたい。
- 英語を読むのをスラスラできるようにしたい。
- 服や看板に書いてある英語の意味が分かるようになりたいです。
- 友達と英会話できるようになりたい。
- 海外に旅行に行ったら楽しめるようになりたい。

今回、この結果と CLIL 系読む活動の相関は検証していないが、クラスの英語使用に対する意識の特色として参考となるだろう。ベネッセ教育総合研究所は「中高生の英語学習に関する実態調査 2014」[63]の調査で、「社会での英語の必要性と自分が英語を使うイメージ(図 17)」と「将来身につけたい英語力(図 19)」についてアンケートを行っている。

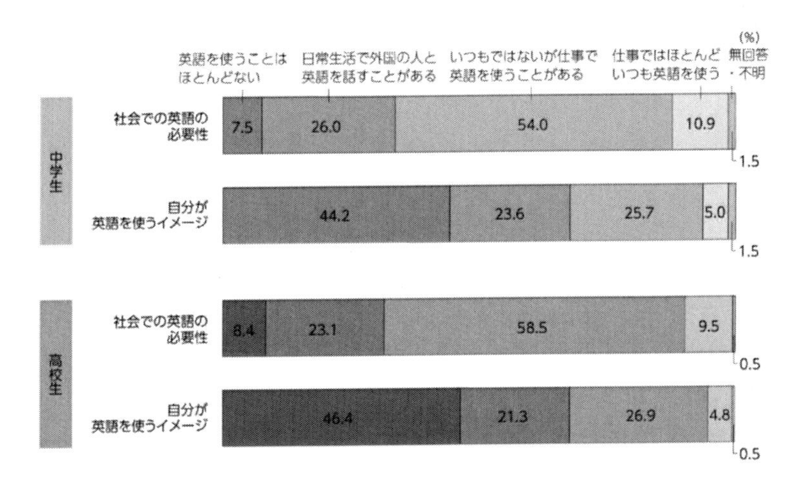

図 17：社会での英語の必要性と自分が英語を使うイメージ

63 ベネッセ教育総合研究所が 2014 年 3 月に全国の中学 1 年生から高校 3 年生 6294 名を対象に行った英語学習の実態と意識調査である。http://berd.benesse.jp/global/

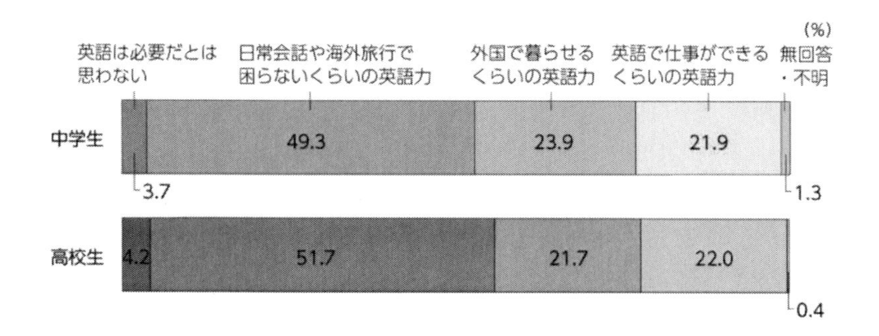

図18：将来身につけたい英語力

結果として、社会で将来英語の必要性は感じているものの、自分自身が「英語を使うことはほとんどない」という回答が 40%以上となった。また、将来身につけたい英語力も「日常会話や海外旅行で困らないくらいの英語力」が約 50%となった。この結果は、今回のアンケートと同様に、将来コミュニケーションのツールとして英語を使いたいと思っているが、「国際社会で生きるために」という意識には至らにのがわかる。今後、社会のグローバル化に合わせ、ビジネスや学問の場で英語を使う場面がますます多くなる。そのため、個人の趣味や娯楽のために英語を使いたいという生徒の目的意識をより実用的な目的意識に変える指導が現場に求められているかもしれない[64]。新学習指導要領の改訂ポイントで、4 技能 5 領域[65]となり、「即興性」を強調して目標に掲げていることからもうかがえる。

---

64 筆者が高校 2 年生の担任をしていたころ（2002 年）、クラスにタイから一人の留学生がいた。「なぜ外国語を学ぶのか」という話題になったとき、日本の生徒は「海外旅行にいくため」「かっこいい」などと答えたが、その留学生はひとこと “To be rich.” と答えたのが印象的であった。

65 「読む」・「書く」・「聞く」・「話す」の 4 技能において、「話す」を「発表」と「やりとり」に分け、5 領域としている。

3. 教員調査における分析結果

3.1 教員の意識

筆者が行ったアンケート調査では、対象者が 43 名（小学校 6 名、中学 28 名、高校 8 名、中高一貫 1 名）であったため、教員の母集団を判断するには至らず、参考程度のデータにしかならないが、アンケート結果を単純に割合集計をすると以下のグラフのようになった。上段が全教員 43 名を集計した結果で、下段が中学の教員のみの集計結果である。グラフ内の数字は回答人数、横軸が割合（%）を示している。

教員免許更新講習などの機会を利用しアンケート実施を試みたが、予定通りには集まらなかった。任意のアンケートであり、免許更新講習後の試験を控えていたためか、問題数（17 問）が負担になったようだ。アンケート最後に設けた自由記述に関しては、記入者はひとりもいなかった。

表 64：教員アンケート結果（全教員）

質問項目	肯定回答 3	肯定回答 2	否定回答 1	否定回答 0 (%)
1 毎朝、新聞を読んでいる。	19	30	33	19
2 生徒が英語を使いやすい学習環境作りを心がけている。	35	56	5	5
3 原則的に授業中は英語を使う。	21	67	12	0
4 生徒の英語使用の誤りには寛容である。	44	51	5	0
5 ティーチャー・トーク(話す速度や抑揚、繰り返しなど)を意識している。	44	49	5	2
6 生徒のレベルに合わせて適切な言葉を選んで使うようにしている。	56	40	5	0
7 内容を明確にするため授業中の表現やしぐさを意識している。	44	47	9	0
8 ピクチャーカードや図表などの教材を使う。	53	33	9	5
9 生徒の興味関心を引きつけることを意識している。	60	40	0	0
10 ALTや英語話者に授業に参加してもらう。	47	42	12	0
11 グループ/ペアワークなど生徒が積極的に活動する機会を提供してい	58	40	2	0
12 文法指導よりもコミュニケーション活動を優先している。	23	58	19	0
13 1回の授業の中で、4技能の活動を含める授業を意識している。	14	51	23	12
14 授業以外学校内で英語を使用する行事や掲示がある。	9	33	37	21
15 生徒が他教科で何を学習しているのか意識している。	9	35	51	5
16 学校外で生徒が英語を使用する機会を与えている。	2	2	51	44
17 ハンドアウトや課題を生徒に合わせオリジナルで作成している。	28	42	16	14

※ 3:常に～(で)ある　2:どちらかといえば～(で)ある　1:あまり～(で)ない　0:まったく～(で)ない

表 65：教員アンケート結果（中学）

質問項目	肯定回答 3	肯定回答 2	否定回答 1	否定回答 0
1 毎朝、新聞を読んでいる。	10	28	41	21
2 生徒が英語を使いやすい学習環境作りを心がけている。	38	59	3	0
3 原則的に授業中は英語を使う。	24	72	3	0
4 生徒の英語使用の誤りには寛容である。	34	59	7	0
5 ティーチャー・トーク(話す速度や抑揚、繰り返しなど)を意識している。	45	55	0	0
6 生徒のレベルに合わせて適切な言葉を選んで使うようにしている。	59	38	3	0
7 内容を明確にするため授業中の表現やしぐさを意識している。	48	48	3	0
8 ピクチャーカードや図表などの教材を使う。	59	38	0	3
9 生徒の興味関心を引きつけることを意識している。	66	34	0	0
10 ALTや英語話者に授業に参加してもらう。	48	52	0	0
11 グループ/ペアワークなど生徒が積極的に活動する機会を提供してい	62	38	0	0
12 文法指導よりもコミュニケーション活動を優先している。	14	76	10	0
13 1回の授業の中で、4技能の活動を含める授業を意識している。	17	59	21	3
14 授業以外学校内で英語を使用する行事や掲示がある。	10	34	38	17
15 生徒が他教科で何を学習しているのか意識している。	3	41	52	3
16 学校外で生徒が英語を使用する機会を与えている。	3	3	59	34
17 ハンドアウトや課題を生徒に合わせオリジナルで作成している。	31	52	14	3

(%)

※ 3:常に～(で)ある　2:どちらかといえば～(で)ある　1:あまり～(で)ない　0:まったく～(で)ない

結果としては、全体的に授業に対する積極的な姿勢が読み取れるが、学校外の活動を促す項目に関しては、否定的回答が多かった。これは教室外の英語学習を促す指導が期待できないということになる。CLIL の土台を作る 4 Cs の Cognition や Culture の充実が図れない可能性が考えられる。教室は言語要素や言語活動の学習の場にするだけで精一杯なのかもしれない。しかし CLIL 4 Cs の Content と Communication には対応できることがわかる。また、授業中に英語を使用する割合や学習者に配慮した授業展開（アンケート質問項目 5～11 に相当）については中学校の方が肯定的回答が多いことがわかった。CLIL 指導や CLIL 教材作りの可能性として期待が持てそうである。一方で、授業の authentic な題材探しの情報源となる新聞を読む教員が、中学では少ないことが多忙さを物語っている。

3.2 他調査分析結果との比較

ベネッセ教育総合研究所の「中高の英語指導に関する実態調査 2015」[66]及び、文部科学省の「平成 27 年度英語教育実施状況調査の結果概要」[67]を参照し、教師の授業に対する意識の現状をみると、中学校の指導方法・活動内容は、「音読（98.1%）」「発音練習（96.2%）」「文法の説明（96.1%）」「教科書本文のリスニング（90.9%）」をよく行っているとベネッセの調査では報告されている。「話す」「書く」活動は多少行っているとあるが、「スピーチ・プレゼンテーション（57.1%）」「自分のことや気持ち、考えを英語で書く（76.8%）」活動は高校に比べ特に多いとされている。生徒の意識と比較すると、「話す」ことに関して中学校では同じ割合であるが、「書く」ことに関しては多少温度差があるようだ。

教員が英語を半分以上使って授業を進めている割合は、ベネッセの調査では、中学校では 59.3%、高校では 42.2%となっている。実際の英語の使用場面は、中高では異なると思うが、中学校の方が多いことがわかる。文部科学省の調査では、授業における英語の使用状況を「おおむね英語で行っている」と「半分以上を英語で行っている」を合わせた割合であるが、中学校では 56.7%となっている。中学校では約 6 割が授業の半分以上は英語を使って実施されていることがわかる。

ベネッセの調査では、「話す」「書く」に関しては、生徒も教員も、消極的な回答を与えているが、文部科学省の調査では、「話すこと」や「書くこと」の能力を評価するスピーキングテストやライティングテストなどを実施している学校の割合が中学校では、95.5%となっており、具体的な実施例として、「スピーチ」「インタヴュー」「プレゼンテーション」「ディスカッション」「ディベート」「エッセイ」などが挙げられている。この結果

[66] 2015 年 8 月～9 月に実施された中学校・高校の英語指導の実態と教員の意識調査である。全国の中高教員 5,087 名を対象に行われた。http://berd.benesse.jp/global/

[67] 文部科学省が平成 27 年 12 月に公立中学校 9,522 校を対象に実施した英語教育実施状況調査（中学校）。http://mext.go.jp 1369254_2_1.pdf

に関しては、テストを行う頻度が不明であるので何ともいえないが、生徒の意識調査結果と比較すると溝を感じる。中学校で「ディベート」や「ディスカッション」はどの程度可能なのであろうか。また実際の授業状況において、ベネッセの調査では、「生徒が自分の考えを英語で表現する機会を作ることは重要だと感じつつも実行している教員は少ない」とある。文部科学省の調査とベネッセの調査では、授業が英語で行われる割合については一致しているが、メッセージを「発信」する授業の割合にはギャップがある。学校教育における英語運用能力の育成にはまだまだ課題が山積みの状況であることはわかる。教師の授業に対する意識はコミュニケーション能力の育成に向け変化している様子はうかがえるが、生徒の視点からみた英語授業の実態は、昔と変わらない印象を受ける。

ベネッセ教育総合研究所の「中高の英語指導に関する実態調査 2015」[68]によると、指導の実態として、中学校では音読・発音練習・文法指導に加え「聞く」「読む」の活動を中心に行っている教員が 9 割を超えている。さらに、「聞く」「書く」の活動も多少行っているという回答から、中学校がインプット期であることが伺える。しかし、その多少行われている「聞く」「書く」の活動の中でも、よく行われているのが「自分の気持ちや考えを英語で書く（38.5%）」「生徒同士の会話（23.8%）」「スピーチ・プレゼンテーション（9.1%）」などであり、これらを授業に取り入れている高校の教員は中学の教員の半分にも満たない。高校でも音読・発音練習・文法指導が中心で、特に「ディスカッション」「ディベート」は 1 割未満と低い。

また、教員が授業中に英語を使用している割合については、半分以上英語を使っている教員の割合は中学校 6 割、高校 5 割弱である。「使う」といっても、使用する英語の 7 割以上は、生徒への指示、ほめる・励ます、Q&A、コメントやアドバイスなどの使用場面である。教室が「英語使用

---

68 脚注 9 参照統計。統計分析はかけていないが全国における母集団が大きいので信頼性はある。

の場」となる可能性は、教員から始めないかぎり、その見込みはないであろう。以下の項目について、6.5 割以上の教員がとても重要だと認識しているのだが、十分実行しているのかという問に対しては、1.5 割から 3 割が肯定的回答にとどまっている。

「生徒が自分の考えを英語で表現する機会を作る」
「生徒が英語を好きになるように指導する」
「生徒の興味や関心の対象となる日常的で身近な話題を取り上げる」
「外国や異文化に関する興味を高める」
「英語はコミュニケーションの手段となることを意識して指導する」
「生徒が将来にわたって自律的に英語学習ができるように学習の仕方を指導する」

上記のことから、教室は、CLIL の 4 Cs、特に Cognition と Culture の土台作りの可能性は少ないということが考えられる。統計的分析や自己評価の変化においても、同様の傾向がうかがえる。CLIL 実践の可能性は、現段階では、指導者の側面からは期待できないのかもしれない。笹島（2011）は、CLIL 教員の不足について述べており、CLIL 教員研修の充実、関心ある教員のネットワーク作りの必要性を述べている。

第6章　考察

1. 中学校におけるCLIL実践

CLILの授業立案に関し、池田（2016）は、CLIL授業設計シート（表66）を示し、授業分析の方法を具体化している。このシートに入る要素が一つでも欠けていれば、それはCLILではないとも述べている。それに従えば、本調査で行った授業の導入はCLIL指導とは言えないかもしれない。CLILという指導に基づき授業計画をしたが、教育環境の制限などにより指導が十分にできなかった部分があるため、この調査ではCLIL系指導としている。

表66：CLIL授業設計シート

Content（内容）	Communication（言語）	Cognition（思考）	Culture（協学）
Declarative knowledge（宣言的知識）	Language knowledge（言語知識）	Lower-order thinking skills（低次思考力）	Cooperative learning（協同学習）
Procedural knowledge（手続的知識）	Language skills（言語技能）	Higher-order thinking skills（高次思考力）	Global awareness（国際意識）

（池田：2016 p.17）

中学校におけるCLILの可能性としては、特別な時間を設けてイベントとして計画する方法を除き、継続的な学習に4Csすべての要素を1回の授業で導入するには現状況では難しい。新学習指導要領前の早い段階で、光村図書はCLILを意識した構成の教科書COLOMBUS 21 English

Course を出版した。学習者がこれまでより authentic な教材を使って、「英語を使って何ができるか」という目標がわかりやすく提示されている。しかし、学習者の学習経験に直近した教材ではない（教科学習を扱ったものではない）ので、オーラル・イントロダクションなどで背景知識を与える必要があるであろう。つまり、学習者が教材に合わせる形になる。

著者が試みるのは、学習者に教材を合わせ、同時期に他教科で学習した内容の知識を活かして英語で学習した際に、どのような学習効果が生まれるのかということである[69]。したがって、既成の教科書というより、より学習者中心の教材作成を試みた。本来ならば、ヨーロッパのように CLIL 専門の教員がいれば問題ないのかもしれない[70]。また、各教科を英語で指導する環境になればよいであろうが、母語による学習は尊重されるべきであるので、教科担当者が英語で指導する必要はないと考える。今回の試みでは、学習者が既習内容についての authentic な英文に触れ、その内容や英語に何か「気づく」ことがあればまずはひとつの成果である。実際に、本調査においては、指導者から英語で書くことを指示しなくても、CLIL 系指導を終えた 2 回目のアンケートの自由記述を英語で書いた生徒がいたことが挙げられる。

1.1 教科の適性

CLIL 実践に関しては、論理的に理解しやすいので数学や理科の授業を活用するのが導入しやすいとされており、研究発表でも数学・理科・社会を扱った CLIL 授業の実践発表が比較的多い[71]。

---

69 この点においては、池田（2011）は、「そもそも CLIL は英語による既習事項の学びなおしではないので、生徒がすでに習得している内容はテクストの英語難易度とは無関係に素材としては適切ではない。」としているが、教材は、authentic なものを使用し、母語による背景知識を活かした語学学習なので、CLIL 系指導と解釈している。

70 2022 年に 特定非営利活動法人 CLIL 教員研修研究所が発足し教員養成をしている。

71 参考までに『CLIL　新しい発想の授業』（笹島 2011）に紹介されている小学校から高等学校までの実践例で扱っている教科は、理科 14 件、社会（歴史・地理）4 件、数学 4 件、生活・家庭科 4 件、芸術 1 件、体育 1 件であった。

そこで、今回行った8回のCLIL系教材のトピックを数学と他教科、理科と他教科、社会と他教科に分け、内容と英語の理解に関する自己評価の得点の平均をt検定にかけ有意差があるか調べた。

表67：数学と他教科の比較

	数学		その他			
	M	SD	M	SD	t値	
内容	16.88	19.66	14.71	14.48	0.322	n.s.
英語	15.38	15.89	13.75	17.97	0.221	n.s.

n.s. = no significance

表68：理科と他教科の比較

	理科		その他			
	M	SD	M	SD	t値	
内容	13.37	14.50	15.87	16.37	0.372	n.s.
英語	13.50	16.96	14.38	17.64	0.118	n.s.

n.s. = no significance

表69：社会と他教科の比較

	社会		その他			
	M	SD	M	SD	t値	
内容	15.13	13.99	15.29	16.57	0.025	n.s.
英語	15.75	16.07	13.92	17.81	0.186	n.s.

n.s. = no significance

今回の調査では、数学・理科・社会に有意差はみられなかった。平均点も大きな差はなく、数学の内容理解においては、他教科よりも散らばりの度合いが大きいということが認められる程度である。客観的な分析からは、この点については、これまで行われてきたCLIL系指導の裏付けにはならないであろう。しかし、学習者がどの教科において肯定的意見を持ったかについては、以下のグラフが参考になるであろう。少なくとも、数学や理科において、関心度が高い傾向にあることがわかる。国語（伊豆の踊子）に関しても被験者が興味を持ったのは明らかで、普段使用している日本語が、英語になると馴染みある英単語の組み合わせ（例：青春＝spring time）であったことに驚いたという被験者のコメントが多くある。日本語と外国語（英語）の違いに気づいた瞬間であったといえる。ことばのしくみに関する学習を促すには、教材として国語を扱うのはどうであろうか。

そこで、理科や数学と同様に、国語と他教科に有意差があるのか調べるため、内容と英語の理解に関する自己評価の得点の平均を t 検定にかけた。

表 70：国語と他教科の比較

	国語		その他			
	M	SD	M	SD	t 値	
内容	16.25	16.01	15.107	15.952	0.1388	n.s.
英語	14.25	17.81	14.143	17.437	0.0378	n.s.

n.s. ＝ no significance

国語と他教科の比較においても、有意差は認められなかった。前述したとおり、特別な時間を設けてイベントとして計画する場合は、確かに数学や理科を扱った方が指導者側からも導入しやすいのかもしれない。今回の調査では、学習者に合わせた教科横断型の教材を作成し継続的に扱った。学習者の学習状況を把握したうえで、トピック選択や教材を考慮し、継続的に授業を行うのであれば、CLIL のための教科というものは無いと考えてよいであろう。そもそも、適切な教科とそうでない教科が存在すれば、CLIL 本来の意義は失われるのではないだろうか。扱う教科に偏りがあれば、教科横断型学習とは言えない。CLIL はどの教科にも使えるという前提であるべきであろう。もちろん、学習者個人には、それぞれの興味や能力に従って、学習する上での教科の適性はある。

しかし、実際問題として、現在の中学校で学習者中心の教材作りを含めた継続的な CLIL 指導ができるのか物理的な視点―教師・教材・時間―から考えると、教員調査の分析結果で前述したが、現状況では継続的にカリキュラムに含める CLIL 実施は不可能ではないかと考えられる。結果として、継続的な指導が維持されなければ、CLIL の可能性は期待できないことが推測される。さらに、CLIL が学習者の成績向上に有意性ある影響を与えない傾向にあるとなれば、教育現場で CLIL を実施する大義名分は失われてしまうかもしれない。しかし、学習者の英語学習に関する自己評価では、教室内で期待できる学習に関しては有意差が認められた。この側面は、学校教育において補える部分であることは容易に解釈できるし、CLIL の 4 Cs における Content と Communication が期待できる。一方、現在の学校教育でさらに考慮すべき問題として、教室外でも自律的に英語学習ができる姿勢（Cognition と Culture）を学習者にどのように身につけさせるかが今後の課題となるであろう。

1.2 学習者の動向と変化

現状況で CLIL 実践の可能性は低いと考えられるが、CLIL が無駄であるということではない。CLIL の学習効果は here and now なのではなく、将来的な学習者の自律を目指すことを念頭に、その学習成果をある基準に照らし合わせて測る（evaluation）のではなく、継続的な形成的評価（formative assessment）をくり返しながら、総合評価（summative assessment）がうまれ、学習が習慣として身につく環境が望まれる。学習者の自律という視点から、特に中学校 2 年生は、英語学習においてはインプットの段階であり、目の前の英語の成績にこだわる必要はないのではないだろうか。

表 71 は、CLIL 系読む活動で扱ったデータをまとめたものである。各被験者が 1 回目から 8 回目まで CLIL 系教材をどのように理解したかを示すパターンと、CLIL 系読む活動開始前（2 回目）と終了後（3 回目）に行ったベネッセ実力テストの偏差値である。さらに、保持している英検の合格級も参考までに記載した。

網掛け部分は、CLIL の理解パターンと定義した（＋/＋＋）・（－/＋）の箇所を示している。1 回目から 8 回目の CLIL 系読む活動で、被験者が使ったパターンはの数は 216 であり、そのうち、（＋/＋＋）・（－/＋）のパターンの数は 46（男子 18 女子 28）であった。全 8 回の CLIL 系読む活動のうち、（＋/＋＋）・（－/＋）のパターンを半分の 4 回以上使った被験者のナンバー（＃）には網掛けがしてある。

表 71：学習者の動向

	clil 1 理科		clil 2 数学		clil 3 国語		clil 4 社会		clil 5 家庭		clil 6 理科		clil 7 社会		clil 8 数学		国語		数学		英語		
	英語	内容	英語	内容	英語	内容	英語	内容	英語	内容	英語	内容	英語	内容	英語	内容	2回目	3回目	2回目	3回目	2回目	3回目	英検
# 1	＋	＋	＋	＋＋	＋	＋	＋	＋	＋	＋	＋	－	－	－	＋	＋	45	53.5	57.6	56.9	53.3	58.6	3
# 2	－	－	－	－	＋	＋	＋	＋	＋	＋	＋	＋	＋	＋	＋	＋	56.7	53.5	62.6	61	62.3	63.9	準2
# 3	＋＋	＋＋	＋	＋	＋	＋	＋	－	－	－	＋	－	＋	＋＋	＋＋	＋＋	52	61.2	56.7	52.7	64.7	62.3	準2
# 4	＋＋	＋＋	＋	＋＋	＋	＋	＋	＋＋	＋	＋	＋	＋	＋	＋	＋	＋	56	54.2	59.6	56.9	55.2	57	3
# 6	＋	＋	＋＋	＋＋	＋	＋＋	－	＋	＋	＋＋	＋	＋	＋	＋＋	＋＋	＋＋	55.4	59.1	61.1	55.9	57.6	56.6	3
# 8	＋	＋	＋	＋＋	＋	＋＋	＋	＋	＋	＋	＋	－	＋	＋	＋＋	＋＋	52.7	70.4	57.6	62.4	67.5	67.5	準2
# 9	＋	＋	＋	＋	＋	＋	＋	－	＋	＋	＋	－	＋	＋	＋＋	＋＋	54.7	64	61.6	65.5	55.2	62.3	3
# 10	＋	＋	＋	＋＋	＋	＋＋	＋	＋＋	＋＋	＋＋	＋	＋＋	＋	＋	＋＋	＋＋	56	54.9	60.1	57.8	68.6	66.3	準2
# 11	＋	＋	＋	＋	＋	＋＋	＋	＋＋	＋	＋	＋	＋	＋	＋	＋	＋	38.6	49.9	55.7	61.5	53.7	61.5	3
# 12	＋＋	＋＋	＋＋	＋＋	＋＋	＋＋	＋	＋＋	＋＋	＋＋	＋＋	＋＋	＋＋	＋＋	＋＋	＋＋	47.3	55.3	68.4	67.5	66.2	67.4	準2
# 13	＋＋	＋＋	＋＋	＋＋	＋＋	＋＋	＋	＋＋	＋＋	＋＋	＋＋	＋＋	＋＋	＋＋	＋＋	＋＋	55.4	59.1	62.1	58.7	73.3	69.5	準1
# 14	＋	＋	＋	＋	＋	＋	＋	＋	－	－	－	－	＋	＋	＋	＋	58.1	53.5	62.1	59.2	56.1	55.4	3
# 15	＋	－	＋	＋＋	＋	＋	＋	＋＋	＋	＋＋	＋	＋	＋	＋＋	＋	＋	61.4	57	61.1	59.2	54.2	56.6	3
# 16	＋	＋	＋＋	＋＋	＋	＋	＋	＋	＋	＋	＋	＋	＋	＋	＋	＋	60.7	66.8	51.3	56.4	70.5	65.5	準2
# 18	＋	＋	＋＋	＋＋	＋＋	＋＋	＋	＋	＋	＋	－	－	＋＋	＋＋	＋＋	＋＋	57.4	60.6	65	53.1	62.6	64.7	準2
# 19	－	＋	＋	＋＋	＋＋	＋＋	＋	＋＋	＋	＋＋	＋	＋	＋	＋	＋	＋	49.3	57	56.2	56.4	55.2	60.6	4
# 20	＋	＋	＋＋	＋	＋	＋	＋	－	＋	＋	＋	＋	＋	＋	＋	＋	57.4	60.5	57.2	50.8	57.6	59.4	準2
# 21	＋	＋	＋	＋	＋	＋	＋	＋	＋	＋	＋	＋	＋	＋	＋	＋	46.7	51.3	46.9	60.6	53.3	55.8	3
# 22	＋	＋	＋	＋	＋	＋	＋	＋	＋	＋	＋	＋	＋	＋	＋	＋	56.7	54.9	47.4	63.8	53.7	60.6	準2
# 23	＋	＋	＋	＋＋	＋	＋＋	＋	＋＋	＋	＋＋	＋	＋	＋	＋＋	＋＋	＋	55.4	69.6	56.2	58.2	62.3	63.5	3
# 24	＋	＋	＋	＋＋	＋	＋	＋	＋	＋	＋	＋	＋	＋	＋	＋	＋＋	58.1	54.9	50.3	55.9	62.8	64	準2
# 25	＋	＋＋	＋	＋＋	＋	＋＋	＋	＋	＋	＋	＋	＋	＋＋	＋	＋	＋＋	55.4	52.7	53.7	40.2	56.5	60.6	3
# 28	＋	＋	＋	＋＋	＋	＋＋	＋	＋	＋	＋	＋	＋	＋	＋＋	＋	＋	53.4	56.4	62.5	62.9	57	63.5	準2
# 30	＋	＋	＋＋	＋＋	－	－	＋	＋	＋	＋＋	＋	＋	－	－	＋	＋	56	61.9	60.1	61.9	57.6	61.9	3
# 31	－	＋	＋	＋＋	＋	＋	＋	＋	＋	＋＋	＋	＋	＋	＋	＋	＋	51.3	55.6	59.1	54.1	53.7	55.4	3
# 32	＋	＋	＋	＋＋	＋	＋＋	＋	＋	＋	＋	＋	＋	＋	＋	＋	＋	58.1	61.9	67	55.5	51.3	55	3
# 33	－	＋	＋	＋＋	＋	＋	＋＋	＋＋	＋	－	＋	＋	＋	＋＋	＋	－	61.4	63.3	54.7	53.1	64.3	60.2	準2

表 72 は、全 8 回の CLIL 系読む活動のうち、CLIL の理解パターンと定義した（＋/＋＋）・（－/＋）のパターンを 4 回以上使った被験者の一覧である。CLIL 的な学習傾向にある被験者である。CLIL の理解パターンを使用した教科（2 回実施された教科も 1 教科と扱う）、と自律要因が見出された教科数も記載してある。教科数の最高値は 7 で＃ 6 はすべての

CLIL系読む活動において自律要因が見出せた。

表72：CLILタイプの学習者

	教科	性別	ベ英3	差	内差	外差	エゴグラム	英検	自律要因
＃6	国・社・家	M	57	-1	0	+2	FC	3	7
＃10	数・国・社・理	M	66	-3	+3	+6	FC	準2	5
＃19	理・数・社・家	F	60	+5	+7	+7	FC	4	4
＃23	数・国・社・家	F	64	+2	-4	+2	A	3	3
＃25	理・数・国	F	61	+4	-13	-6	A	3	4

以上のように一覧にしても、なにか顕著な傾向が見受けられるわけではない。教科もすべての被験者が選択しているものはない。それぞれ何か1つ欠けているか、異なる。男女数も奇数のためその差は議論にはならない。成績もCLIL系指導終了後に皆向上しているわけではない。むしろ下がっている被験者もいる。エゴグラムに関しても分かれており、FC－自律要因－教室外学習の相関があるとしても、それについては＃6と＃10に若干認められる程度である。英検の合格級も3級が3名であるが、準2級も4級も存在する。中学校2年生は、身体的にも精神的にも多感な発達段階でもあるので、学習者に顕著な一定の傾向はなく、長期的な観察が必要であろう。

北尾・長瀬（2002）によると、学習者の「関心・意欲・態度」に関する評価について、「長い時間的スパンで評価すること」を留意する点としてあげている。学習者に一時的に意欲的な行動が見られても、まもなく消失することもある。「時間的変動は情意過程の特徴であり、誰もが経験することである」ので、長期にわたって観察し、「比較的恒常的な」側面に着目して、「関心・意欲・態度」の現れをとらえ、評価の資料としなければならない。また、Ball, Kelly, & Clegg (2015)も、CLILの評価の特徴として、形成的評価（自己評価、学習者同士の評価、課題達成評価、ポートフォリオなど）と総合評価（学習達成度の評価）の両方が必要であるとし、継続的な調査が必要としている。

質的調査からは、個々の事例については詳しくみることができたが、ではその結果がどのようにまとまるのかというと、一定の方向性が明らかになったわけではない。しかし、生徒たちのコメントをみると、CLIL 系読む活動を続けたことは、英語で他教科の内容を学びながら「気づき」や「関心」を持つことができたのではないだろうか。学習者にどのような動向と変化があるかを一般的に訴える情報は、今回の調査だけではまとまらないのが現状である。半年足らずで CLIL がすぐに効果をもたらす指導法ではないということだけは明言できる。効果を図るには、目的を明確にし、達成までのプロセスがわかるように記録を取り、修正を加えながら長期的な形成的評価を進める必要があるのではないか。今回の調査では、形成的評価に近づけるため、学習者に記入してもらった CLIL 系教材を回収し学習者各々にフィードバックする予定であったが、教科担当以外の授業への介入が認められなかったため、教科担当者がクラス全体に CLIL 系教材の内容について解説するにとどまった。各教材に設けられた「ふりかえり」をくり返すことで、自己評価を継続した形をとり、形成的評価には至っていない。

1.3 CLIL と教員の意識

2013 年 10 月から 2016 年 3 月まで、この調査で直接指導にあたっていただいた A 中学校英語教員の指導観を分析し、CLIL が指導教員の意識にどのような影響を与える傾向にあるか考察する。

A 中学校では、系統的なシラバスに沿って学習を進めている。1 年次は、英語学習のスタイルに慣れさせるため、ホームルーム単位で英語の授業を実施するが、その後、2 年次より 3 段階に分かれた習熟度別の少人数クラスで授業を展開している。シラバスは、Lesson ごとに設定された習得すべき文法項目が目標にそって設定されており、最終的にはそれらの文法項目を使用して身近な話題について話すことができたり、書いて発表することができる、という最終目標（Can-Do リスト）を設定しながら作られている。全ての授業は指導する内容が詳細にわたって設定されており、CLIL 系指導のための時間を割くことは非常に難しい状況であった。

2012 年 12 月には、研究計画について概要と方法を伝えたが、当時は CLIL についての認知度はあまり日本でも浸透しておらず、また筆者自身も十分な理解が整わない中、CLIL の理念について共通理解をもち、どのような方法が可能であるかについて話し合った。打ち合わせ当時は、指導者の日常を考え、時間に追われながら進める授業と職務の忙しさから、実施可能な方法を工夫し負担をかけないことを約束し、ご協力をお願いした。

2013 年 10 月～2014 年 3 月は、統制群に対するデータ収集であったので、著者が準備した教材とアンケートをマニュアル通りに実施していただいた。この時点では、特に CLIL についての関心はなく、CLIL 系指導の意義については、どちらかといえば懐疑的な印象を持っていたようで、実際に、「いまいちよくわからない」という答えを聞いている。また、多忙の中、扱う教材に目を通していただき、タイプミスの指摘を電子メールで頂いた。言語形式に注目する意識は高いことを感じた。実際の教材の検討や指導に関し、お互いの都合がつく場合は話し合いの場を設けたが、通常のコミュニケーションは電子メールを活用した。

2014 年 10 月～2015 年 3 月は、実験群に対する指導とデータ収集であった。指導法などについて質問をいただき、こちらのイメージをお伝えしたが、実際には指導者の主体性にお任せした。回を重ねるごとに、担当指導者も授業の運びに慣れ、オーラル・イントロダクションでは工夫をこらしていただいたようである。11 月に頂いた電子メールは、学習者の様子を伝えるものであった。授業のあと CLIL 系教材の内容や疑問点について学習者から質問を受ける機会が増えたことにより、指導者も CLIL 系指導を通して何か「気づき」を得たようである。2015 年 3 月のアンケートでは、丁寧に目を通していただき、ご自分の指導に参考になるというコメントを頂いた。その後は 2016 年 3 月、一部の実験群の生徒に事後アンケートをお願いした次第である。

A 中学校は、中高一貫校であるため、公立の生徒のように、「受験勉強のため」だけではなく、「もっと難しい英文が読めるように」とか「外国の人とコミュニケーションができるように」という意識で英語学習に取り組んでいる生徒が多いという。なかには、英語は「覚えることが多くて大変な科目」という気持ちを持っている生徒も少なからずいる。また、日頃は英語以外の予習・復習や宿題があるため、他の教科の勉強にも時間がとられ、「英語の学習ばかりに時間をかけられない」というジレンマを抱えながら苦労している生徒も多いという。

そのような中で、A 中学校の指導者が今回の CLIL 系指導を通して感じたことは、「教科横断型学習」の効率性であったという。彼女は、社会科の教員が中学校 3 年生の授業で、リンカーンの有名なスピーチ、government <u>of</u> the people, <u>by</u> the people, <u>for</u> the people. の前置詞を答えさせるハンドアウトを準備して指導しているのを知り、英語の知識ばかり教えることに集中していた自分に気づいたという。以下は、2015 年 3 月にお会いした時の会話の内容をまとめたものである。

- グローバル社会での活躍を期待するならば、教養や思考力も養う必要性があることを改めて感じた。「気づいた」という方が正しいかもしれない。
- 英語を様々な教科を統合する「教科間の潤滑油」と考え、英語の知識を他の教科でも指導したり、他の教科の内容を英語で指導したりすることによって、英語の有用性にもっと触れる機会を増やし、英語を身近なコミュニケーション手段としてとらえさせることが必要かもしれない。

また、CLIL 系指導を終了し、2016 年度の授業計画の際に、以下のものはCLILといえるか否かという質問の電子メールを頂いた。

1）中1で過去形を学習した際に、歴史的な人々の偉業を英語で指導してみる。
2）中2で助動詞 will を学習した際に、理科で行う実験の結果予測を英語で表現してみる。
3）中3で関係代名詞を学習した際に、国語で学ぶ文章のある一部を英訳してみる。

A 中学校では、現在のカリキュラムやシラバス上、CLIL（系）の授業を全面導入することは難しい状況であるが、1 コマの授業の流れの中で、部分的な応用は色々とできそうである。本調査への参加をとおして、指導者の指導観に変化があったことは、興味深い結果となった。

2. 中学校におけるCLILの可能性

統計的分析に導かれた結果とこれまで述べてきたことから考えると、指導者、学習者、学習環境、さらには家庭や地域社会を含む社会環境などの条件が整わない限り、中学校における CLIL の即時に「効果的な指導の可能性」は見込めないのかもしれない。しかも、Bruton（2011）のいう「そもそも現段階で CLIL を使って学んでいる生徒は学習意欲が高かったり、能力的に恵まれている場合が多い」という分析に今回の被験者は当てはまっているかもしれない。今回の被験者は私立中学の習熟度の高いクラスに属している。しかし、そのような「恵まれた」環境下にあっても、今回の調査ではCLILがタスク中心教授法やFocus on Formに代わる「効果的な指導法」とはっきりとはいえないのである[72]。序論で筆者が問題提起

[72] Focus on From が内容重視教授法やタスク中心教授法に骨組みを与え、CLIL は授業全体のアプローチの方法であり、CLIL の中で扱われる指導の一つが Focus on Form という考え方もできる。

した、「教室は英語使用の場となるか」、「自律した学習者の育成はどのようにすべきか」について、CLIL がその問題を解決する糸口となるのかさらに考察を進める。

2.1 「英語を使用する場」となる可能性

実際に中学生が教室で英語を「使いながら学び、学びながら使う」にはどのようにすればよいのだろうか。コミュニカティブ・アプローチが目指しているものは、自然な言語習得である。1）テーマに基づき、2）内容を重視し、3）その言語に浸るという方針で、学習者自身に話す機会を与え、教室の中でも「生きた」コミュニケーションをできるだけ重視した。しかし、これは本当に「生きた」コミュニケーションといえるのだろうか。

筆者が教育現場にいたころ、中学校の教科書で対話の指導と練習を教室で行ったが、生徒も教えている教師も共に実感は湧いてこなかった。場面ごとの「外国人に道をたずねられたら」などというテーマで対話の練習を重ねても、実際に街で外国人に道をたずねられる経験をする中学生は何人いるのだろうか。「道をたずねられた」場合にそなえて、対話のパターンを練習し、それを実体験する機会を待つよりも、自ら経験したことを、英語学習に活かす方が効率的ではないだろうか。

前述した、5 千人以上を対象に行っているベネッセの全国的な教員意識調査からも、日本の英語科教育においては、なかなか教室外に期待できる英語学習（Cognition や Culture の域）に達するのは難しそうである。しかし、教科横断型という CLIL の持ち味を活かし工夫すれば、教室外の英語学習へと学習者の意識を向けることができるかもしれない。また、CLIL では、Content、Communication、Cognition、Culture を有機的に結び付けることによる相乗効果を定義づけているが、中学校の現場では、「Content と Communication」は「Cognition と Culture」とある程度の時差をもって有機的に結び付き、その結果として相乗効果を生むと考えられないだろうか。長期的な観察を求める必要がある。

例えば、A 中学校では、家庭科や美術でおもちゃ作りをする。そして、そのおもちゃを持って地元の保育園や老人ホームに出向き、おもちゃの遊び方などを説明しながら人々とふれあい、地域社会へととけ込む機会を設けている。自分が作ったおもちゃが評価されることの喜びや、時には恥かしさなどの感情を経験し、また、普段の生活領域とは異なる様子をみることでいろいろと考えることもあるだろう。そのような機会を、母語によるフィードバックばかりではなく英語の学習に活かすことによって、豊かな語彙や表現の発展につながるのではないだろうか。教科学習や体験を英語学習と結びつけることから、「英語を使ってできる何か」が発見できるかもしれない。

2.2 「自律した学習者」を育成する要因は何か

自律要因として筆者が定義した「気づき」→「楽しい」→「またやりたい」は子どもの発達段階における動機付けのキーワードでもある。「またやりたい」とは自ら意欲をもって興味をもつもの（目標とするもの）に取り組む姿勢と筆者は解釈する。そのような姿勢を育成することが学習者の自律を促すのではないだろうか。

文部科学省は、2013 年『中・高等学校の外国語教育における「CAN-DO リスト」の形での学習到達度目標設定のための手引き』[73]をもとに教育現場で「CAN-DO リスト」の活用を「国際共通語としての英語力向上のための具体的施策」のひとつとして提示した。当時、現場では「CAN-DO リスト」とは何か、いったいどうやって作成するのかと困惑をまねいた。「言語を用いて何ができるのか」ということを生徒がわかるように設定するとあるが、この日本の EFL 環境で「何」ができるようになればよいのだろうか。

この手引は CEFR が基盤となっており、その示す目的の「自律的学習

---

[73] www.mext.go.jp 1332306_4.pdf

者」にふれた部分を要約すると、教員と生徒が外国語学習の目標を共有することにより、生徒自身も「～ができるようになりたい」という自覚が芽生え、言語習得に必要な自律的学習者としての態度・姿勢が身につくと共に、「言語を用いて～ができるようになった」という達成感が学習意欲の更なる向上にもつながることが期待され、さらに自律的学習者としての態度や姿勢が身につくと、学校を卒業した後も、自らに必要な言語能力習得を続けることがより容易になると考えられるということだ。現場の教員は生徒を目標に導くためのロール・モデルとして一層の努力が求められている。この「CAN-DO リスト」も中高の現場では混乱を招いたが、それまでのシラバスに「～できる」という言葉を加えたのみで終えた学校も多いのではないだろうか。

文部科学省の「平成 27 年度英語教育実施状況調査（中学校）の結果概要[74]によると、平成 26 年度（2014 年）の時点で、「CAN-DO リスト」により学習到達目標を設定している中学校は 51.1％であり、そのうち 22.2％の中学校では、設定した学習到達目標の達成状況を把握しているとある。別の視点から解釈すれば、「CAN-DO リスト」により学習到達目標を設定してはいるが、その中学校の半数以上が活用できていないということがわかる。

「生涯学習」を考えたとき、統合的動機[75]づけの方が長期的な学習においてより多くの効果をもたらすと考える傾向にあったが、道具的動機づけ[76]が統合的動機づけに変化することもありうるため、道具的動機づけと統合的動機づけがときに重なりながら学習を進めるのがよいと最近ではされている（岡編 2011）。学習者が自律的学習者になるのは、自ら興味の持て

---

74 www.mext.go.jp 1369254_2_1.pdf 公立中学校 9,522 校を対象にした調査である。

75 統合的動機づけは、英語を学び「英語文化についてもっと知りたい」「外国の人と友だちになりたい」という積極的にその集団と一体化したいと思う心理的欲求である。

76 道具的動機づけは、「会社での昇進」や「大学入試での合格」など功利的目的を達成したいと思う心理的欲求のこと。英語を道具として学習し、他の目的を達成しようとする。

るものに視野を広げて取り組める可能性を英語教育が広げてあげればよいのではないか。自らの目的のために英語が使えるようになるように、扱う教材に authentic なものを選ぶことは CLIL の手法として賛成である。「気づいたら英語を使っていた」などと生徒が発言したら、教師としては「しめた」と思う瞬間であろう。

CLIL 系読む活動の内容と理解に関する学習者の自己評価を統計分析しても顕著な有意差はない。自己評価に安定性はないかもしれないが、「面白かった」、「何でだろう」、「またやりたい」と思う機会に度重なり出会うことで自己評価が形成され、学習への興味が高まり、学習者の自律へとつながることが期待できる。

先行研究でも述べたが、Ball, Kelly, & Clegg (2015)は、CLIL の評価の特徴として、ある決められた基準に照らし合わせて測るよりも、知識、スキル、態度、信念を明らかにする（学習者が行ったことを観察できる）ことを挙げており、形成的評価（自己評価、学習者同士の評価、課題達成評価、ポートフォリオなど）と総合評価（学習達成度の評価）の両方が必要であるとし、継続的な調査が必要だとしている。即効性の効果を求めず、日本の学習者に適する／適さないという要因もあるだろうから、まずは学習者それぞれが良いと思える学習方法を提供できることが、自律した学習者育成のための要因のひとつではないだろうか。

また、授業が英語使用の場となるようなアクティビティを考える際、生徒の学習状況を把握することは大きな助けとなる。英語学習のみならず、他教科における学習内容に注目することは、学習者の身近な知識と経験を活かした統合的な学習に効果的であろう。少なくとも、筆者の仮説、「母語による教養（学習と知識の積み重ね）のもとに英語学習が維持され、学習者の自律が促されるのではないか」については、その答えに近づけたのではないかと考える。

第7章　結論

本調査では、統計的な視点と質的な視点から、中学校2年生を対象としたCLIL系指導を分析することにより、中学校の英語科教育におけるCLILの実践と可能性を考察してきた。統計的分析では、現段階でCLIL系指導（あくまでも本調査で行った指導）は学習者の英語の成績向上に有意な差をもたらさなかった。さらに、CLIL系指導に適する有意性のある教科はない。しかし、CLIL系指導の継続が、CLIL 4 CsのContentとCommunicationの土台となる教室内の英語学習に関する意識の向上に有意ある差をもたらした。また、CLIL系指導は、学習者要因（性格）に依存する側面があり、学習者の自律や内容理解、教室外で期待される英語学習おいて相関傾向にあることが分かった。質的分析からは、学習者の言語や内容理解に関するさまざまな「気づき」を知ることができ、英語の成績や言語活動に目に見える効果がなくても、期待できる将来性を見出すことができた。これらのことを念頭に、今後のCLILと日本の英語教育に目を向け、結論を導きたい。

1. CLILと日本の英語科教育

日本の英語科教育におけるCLILの実践と可能性を探るにあたり、Bruton（2011）のいう「そもそも現段階でCLILを使って学んでいる生徒は学習意欲が高かったり、能力的に恵まれている場合が多い」という分析に本調査の被験者は当てはまっていた。さらに継続的な指導の必要性があることもわかった。しかし、学習者の能力や継続的な指導の条件は、これまでのタスク中心教授法やFocus on Formにも当てはまらないだろうか。これまでの指導法もある程度の英語力や学習要因が備わった学習者には効果的であったかもしれない。研修会などでは新しく海外から輸入された指導法が紹介されるが、これが日本の英語学習者すべてに当てはまるわけではないので、なかなか継続に結びつかず、根付くこともない。研修で新しい教授法に出会うのは新鮮だ。教師としても学ぶ喜びに出会える。しかし、どんなに素晴らしい教授法であっても、実際の中学・高校の生徒の現状を思い浮かべると、現実と理想が大きくかけ離れているのがわかる。まずは実践のために教師がその指導法について深く知るべきであるが、浅い知識のまま教室で実践しようとすれば、定着に結びつかない原因となる。

大谷（2007）は日本の外国語（英語）学習への意識は、おおきな振り子となって、40 年周期で「コミュニケーション」と「文法」の間を行ったり来たりしているという。今の日本の英語教育は、2000 年以降、まさに「コミュケーション」まで持ち上がった振り子が「文法」の方に徐々に戻っている状況であろう。ゆえに、コミュニカティブ・アプローチに文法指導が加味されたタスク中心教授法や Focus on Form、そしていまや CLIL へと現場の教員がその指導に興味をもち、教室で実践してみたくなる気持ちも理解できる。

このまま英語教育の振り子を振り続けるのではなく、振り子を止め垂直におろし、日本の文化、環境、学習者に深く根ざした、たとえば CLIL の日本スタイルを構築する必要があるのではないだろうか。

ヨーロッパの複言語主義における CLIL は、言語と教科内容について研修を受けた CLIL 教員が授業を行う。日本は、複言語主義の理念は理解するにしても、状況が異なる。日本における CLIL は教科横断型学習という形で、英語教師が担当[77]し、各教科において母語で学んだ知識を英語学習に活かすというスタイルでよいのではないだろうか。今回著者が自ら教材を作成して感じたことは、Focus on Form を実践しようと場面を想定しながら教材を作るときよりも、他教科で学習していることをシラバスから調べて教材にすることがいかに作りやすく、学習者にとっても身近なトピッ

---

[77] Authentic な教材を使用するのであれば、音声指導を考慮し、英語教師が担当した方がよいと考える。

クであり、すでに経験・学習した内容であるので、取り組みやすい教材が仕上がることがわかった。ベネッセの中高英語指導に関する実態調査 2015 では、中高生が英語学習に躓く原因の多くは語彙と文法であるとしている。その結果から、教科横断型学習を利用し、語彙と文法をも含めて、興味をもって学べる日本型の CLIL 教材にすればよいと考える。海外の教授法のすべて真似をする必要はないのではないだろうか。最近は幼いころから海外で教育を受けた研究者も多い。中教審などでも、そのような研究者の意見を参考に審議を重ねる傾向が見受けられるため、文科省の理想と現場の溝が深まるのではないかと懸念される[78]。日本における CLIL は、例えば、数学の教師が数学の授業を英語で行う必要はないと考える。あくまでも教科内容については母語による指導でよいのではないだろうか。母語の方が理解に時間もかからず、残った時間で他の活動に発展できるであろう。また、本来 CLIL は学習目的を「言語学習と教科学習」としているが、日本における CLIL 指導は、新しい教科内容の知識を導入する必要はなく、すでに学習した知識を活用しながら authentic な英語教材を活用するスタイルでよいと考える。

近年のグローバル化や東京オリンピックにともない、2020 年度に小学校外国語活動の開始学年を現在の第 5 学年から第 3 学年に前倒しし、第 5 学年から外国語としての英語は教科化となった。この先日本の英語科教育のスタイルはどのように変わるのだろうか。小学校の「外国語活動」が英語の「教科」になるということは、1）検定教科書を使い、2）児童に英語の成績をつけるということである。2011 年より、小学校第 5・6 学年を対象に「外国語活動」が必修化し、児童は授業中楽しく活動し、英語に慣

---

78 ある出版社が主催した数学と CLIL をテーマにした研修会で、高校の数学の教師が「なぜ数学を英語で教える必要があるのか。理解するのに日本語ではいけないのか。」という質問をした。回答した研究者は CLIL の理念を丁寧に説明し、その利点を述べたが、一向に妥協点は見つからなかった。最後にその研究者が「これは経験しなければわからない」と言った瞬間、議論の糸は音をたてて切れたように感じた。その研究者は海外で教育を受けた経験を持っているようであった。

れ親しんできたわけである。しかし、2020 年からは他の教科と同様に成績がつくわけであるが、これまで活動を中心に英語に慣れ親しんできた児童をどのように教科指導したらよいのであろうか。小学校英語の教科化が担う課題も大きい。文部科学省がインターネット上に公開している、2020 年から小学校第 5 学年で使用される英語教科書「We Can! ①」の暫定版（http://mext.go.jp）の目次を眺めると、以下のようになっている。

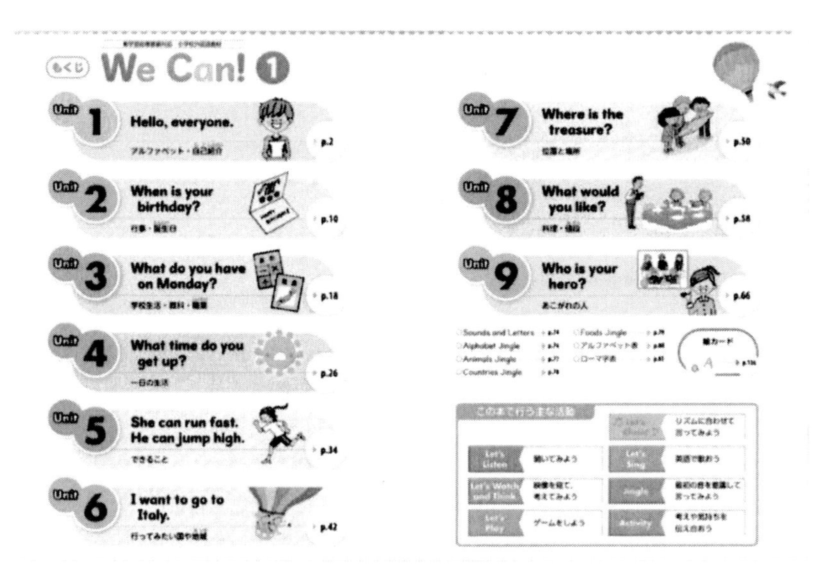

図 19：We Can! 目次

場面に即して使える英語表現をコミュニカティブに学習できるようになっており、とてもよく構成された教科書であるという印象をうける。例えば、このなかの「できること：can」を扱った Unit 5 を詳しくみると、iPS 細胞の山中伸弥教授や卓球の石川佳純選手、サッカーの長友佑都選手なども登場し、興味深いワークとなっている。イントロダクションは、次のようなページで始まる。

図 20：We Can! Unit 5

指導マニュアルを確認すると、以下のような指導例になっている（一部抜粋)。

（ウサギが魚に聞く）	Can you jump?
	No, I can't. I can't jump, but I can swim.
（魚が鳥に聞く）	Can you swim?
	No, I can't. I can't swim, but I can sing.

小学校 5 年生 10 歳・11 歳の児童の発達段階からこの内容は適しているのだろうか。「魚ってしゃべるの？」などという質問は出ないだろうか。羽鳥・松畑（1989）は日本の英語初学者（ここでは中学 1 年生）が英語を嫌いになる理由として、英語の内容が幼稚でつまらないことを挙げている。つまり、教科の学習としては、5 年生ともなると理科・算数・社会・

国語など、ある程度発達段階に応じた母語による知識の積み重ねができているはずである。実社会とのつながりが理解できる段階であるので、教材を扱う際には、児童の知的好奇心が実社会と結びつくようにしたほうが賢明ではないかと感じる。また、単元目標としては、以下のようにある（一部抜粋）。

・　自分や第三者について、できることやできないことを聞いたり言ったりすることができる。
・　自分や第三者について、できることやできないことを、考えや気持ちも含めて伝え合う。
・　他者に配慮しながら、自分や第三者についてできることやできないことなどを紹介し合う。

助動詞 can の使い方は、相手の「できることやできないこと」を尋ねるばかりであろうか。アクティビティの例を見ると、自己紹介やインタヴューの内容が主であり、このような活動のなかで、「そんなことできるんだ？」という友達の意外性を知るコミュニケーションの場になるかもしれないが、使用場面に多様性がなければ、同じ回答の繰り返しや、あるいはできないものも「できる」と空想的（虚偽の）口頭作文を作りかねない。では、「深い学び」を得るために、can を使ってどのような授業展開ができるであろうか。

大阪府寝屋川市教育委員会の中田氏（当時）は、2017 年 12 月に行われた日本 CLIL 教育学会で、小学校 5 年生を対象とした、社会（環境問題）と can を扱った授業を紹介した。

すでに社会科で環境問題をテーマに日常生活で資源の扱い方を学習し、4 Rs ：Refuse（断る）、Reduce（減らす）、Reuse（再利用する）、Recycle（再資源化する）について理解していることが前提である。以下は、中田氏のアイデアに従って、筆者が一部改訂したものである。

縦軸に４Ｒ（動詞）横軸に資源となりうる品物が並んでいる。グループごとにそれぞれの品物に対してどのような行動をとるのかを考えさせる。グループ内で答える順番を決め、次のやり取りをする。

全員：What can you do?　　児童：I can reuse plastic trays.

	news papers	chopsticks	plastic bags	water	pet bottles	Plastic trays	clothing
Reuse 再利用する						30	
Reduce 減らす							
Recycle 再資源化する							
Refuse 断る							

図 21：Typhoon game 1

プラスチック皿を再利用するという答えだったので、その箇所のカードをめくると得点が書いてある。これがチームの得点となる。順次グループごとに上記の英語のやり取りを続け、グループの得点を得るゲームである。全てのカードをめくった結果は以下のようになる。

	news papers	chopsticks	plastic bags	water	pet bottles	Plastic trays	clothing
Reuse 再利用する	30	10	10	T	20	30	40
Reduce 減らす	20	30	30	40	30	40	30
Recycle 再資源化する	T	20	20	20	40	T	20
Refuse 断る	10	40	T	10	10	20	10

図 22：Typhoon game 2

ポイントに T が書いてある箇所は、T ポイント（Typhoon のことである）といって、ひとつのグループを指名し、そのグループのすべての得点を吹き飛ばすことができるのである。つまり、ライバルのグループの得点を 0 点にすることができる。実に児童の興味を引きつけるゲームではないだろうか。このゲームを中田氏は、「Typhoon game」と名付けている。助動詞の can を自己紹介や他者紹介だけではなく、身近に学習した内容や経験と結びつけて楽しく使うことができるのである。

CLIL 授業では、教科内容を使用することで、児童の発達段階に応じた知的好奇心を満たし、思考する場面を意図的に組み込むことができるため、「意欲の向上を図ることができた」というアンケート調査の報告もあった。小・中・高・大連携を考慮した自律学習者の育成に CLIL は期待できる指導となるかもしれない。

CLIL という専門的なことばでは現場ではなかなか受け入れにくいこと

もあるだろうが、他教科で何を学習しているかに注目し、その内容を英語の教材として利用することで「深い学び」を導くことができる教科横断型学習と解釈すればよいのではないだろうか。日本の英語科教育におけるCLILのスタートは、学習目的に「言語学習・教科学習（既習内容)」をおき、指導者は、「語学教師」、使用内容は「トピック・教科」、評価対象は「言語と内容」とした教科横断型学習でよいと考える。

表73：内容と語学の組み合わせに対する指導法の違い

	CLIL	日本のCLIL（教科横断型学習）
学習目的	言語学習・教科学習	言語学習・教科学習（既習内容）
指導者	語学教師・教科教師	語学教師
使用内容	トピック・教科	主に教科
評価対象	言語・内容	言語・内容

2. 日本の英語教育の行方

ベネッセ教育総合研究所が2014年3月に全国の中高生を対象に実施した「中高生の英語学習の実態と意識に関する調査2014」[79]では、現在の授業について、「ほとんどわかっている」という回答は中学生で32.5%だが、高校生では17.8%となる。授業の内容については、「訳す」「覚える」「先生の説明を聞く」「文法の問題を解く」は学年を問わず中学生で88.9%、高校生で78.7%が「している」と回答している。一方で、自分の気持ちや考えを「話す」「書く」は、中学2年生の57%が授業で「している」と答えているが、この学年をピークに減少しており、高校3年生に至っては、「話す」が26.3%、「書く」が34.8%となっている。学年が上がるにつれ、発信のための言語活動が十分に行われていない実情がある。

また、先生が授業で英語を使っている割合に関しては、授業の半分以上

79 ベネッセ教育総合研究所が2014年3月に全国の中学1年生から高校3年生6294名を対象に行った英語学習の実態と意識調査である。http://berd.benesse.jp/global/

を英語を使って進めている印象をもつ割合が中学生では 51%、高校生では 24%であり、授業中に教師の英語を聞く機会も学年が上がるごとに減っていることがわかる。学校教育では、コミュニケーション能力の育成を重視しているのにもかかわらずそれができていない上に、「和訳」「暗記」「文法」中心の授業が続いている現状は、文法訳読法の根強さを感じる。

さらに、授業の予習・復習に関しても、中学生と高校生で傾向がほぼ同じで、「単語学習（58.8%）」や「和訳（39.2%）」「暗記（40.6%）」が中心である。「教科書本文をノートに写す」という生徒も 40%存在する。40年前、いやそれ以上も前の学習状況と何も変わっていない印象を受ける。一方で、「英語で意見や感想を書く」課題は、中学生 78.2%、高校生84.1%が「していない」と回答している。教室外で「英語を使って何かをする」という Cognition や Culture を期待するには難しい現状がうかがえる[80]。

日本の中学校の授業内容の現状として、自分の考えや気持ちを相手に発信する時間が極端に少ないことは否めない。よりよい言語活動をするためには言語材料の「文法」「語彙」「文字」「発音」などの正しさの指導はもちろん、これらを基盤にコミュニケーション能力を養い、積極的にメッセージを発信するための「資質と能力」を養うという段階に目標設定する必要性は、近年の社会のグローバル化に従い否めない。その目標を達成するための効果的な指導法は何か。

変わらない英語教育において、どのような指導においても「良い教師との出会い」が学習者に影響を与えることは、第 3 章で述べた。羽鳥・松畑（1980）が 1980 年に全国の中学生を対象とした英語学習実態調査結果では、英語が好きになった時期で圧倒的に多いのは中学校 1 年生の 1 学期である。これは、2014 年のベネッセの調査でも同じである。

英語が好きになった理由については、「指導がよかった」「内容がよくわ

---

80 上記の調査結果は、生徒を対象に行ったものである。指導する側の教師授業に対する意識については第 5 章 3 を参照されたい。

かる」といった教師に対する回答が多く、学習者の英語学習への動機づけや意欲は教師の影響力が大きく関わっていることが分かる。また「努力して成績がのびたから」という回答も多く、テストの成績も英語学習の動機づけになっているようである。英語に対して「興味がある」「楽しい」と答える者も多い傾向があり、前向きな姿勢が英語力を伸ばす要因であることが考えられる。成績の向上に、学習に対する「関心・意欲・態度」が貢献する要因であることが伺える。

他にも英語が好きか嫌いかに分かれる大きな学習者要因の 1 つに教師に対する印象がある。羽鳥・松畑（1980）によると、「わかりやすく教えてほしい」という回答が特に英語が好きではないグループの回答者に多く見られた。教師の教え方に不満があり、「英語がわからないから嫌い」という悪循環を教師が断ち切る必要がある。生徒が英語に対して前向きに「楽しい」「もっと学びたい」と感じることが理解を深めるということを念頭に、わかる授業づくりをすることが必要だと感じる。

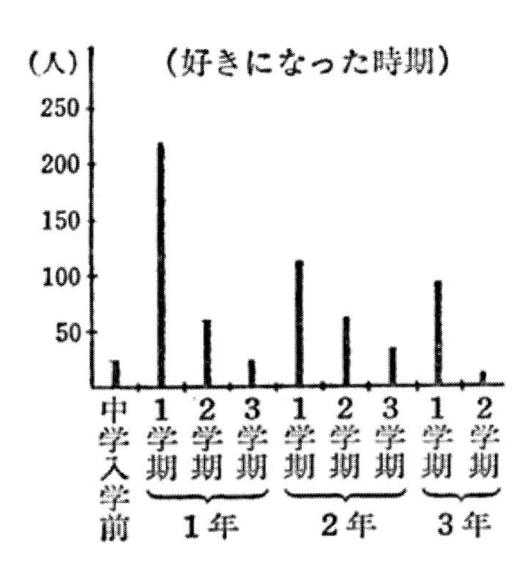

図 23： 英語が好きになった時期　（羽鳥・松畑 1980 p.175）

表74：英語が好きになった原因

順位	好きなった原因	合計(名)
1	先生（の指導）が良かったから	136
2	努力して成績がのびたから	112
3	授業の内容がよくわかったから	90
4	外国語になんとなく興味があったから	79
5	英語を勉強することが楽しいから	60
6	塾での学習でよくわかるようになったから	34
7	外国語が話せたらいいと思って	30
8	ラジオ・テレビの英語講座を聞いてよかったから	18
8	外国の音楽が好きになったから	18
10	外国に行きたいと思い、外国に興味があったから	15
11	新しい形式の学習だったから	11
12	先生が変わってから好きになった	10
12	英語を使うことが楽しくなったから	10

（羽鳥・松畑 1980 p.175 を参照し著者が作成）

生徒が望んでいる教師像をまとめると、「わかりやすく、明るくおもしろく、時には厳しい姿勢で教えてくれる、発音のよい、贔屓をしないで1人1人を大切にしてくれる先生」であると羽鳥・松畑（1980）は述べている。

表75：教師について

順位	要望事項	英語が好き	英語が嫌い
		(名)	(名)
1	わかりやすく教えてほしい	39	234
2	明るくおもしろく（ユーモアを解する、授業を楽しくする先生）	33	64
3	外人教師（外人教師の方が直接本当の発音がわかるのでいい）	40	37
4	発音のよい先生	29	37
5	同じ人ばかり当てたり、贔屓は絶対やめてほしい	12	34
6	優しく、厳しくしないで	20	16
7	もっと厳しく（へらへらしないでもっと厳しくしてほしい）	9	15
8	授業中に外国の生活の特色など楽しいことも教えてほしい	10	4
9	もっと大きい声でゆっくりと話してほしい	9	4

（羽鳥・松畑 1980 p.184-185 を参照し著者が作成 ）

つまり、何よりも教師という要因が学習者の次に重要であり、教師が自覚と責任をもって授業作りをする必要がある。学習者が「いかに楽しく」「興味をもって」英語を学ぶことができるのかを、指導者は追求しなければならない。学習者にとっては「よい指導者との出会い」が重要なのである。「よい指導法」ではない。そのためには、教師の自覚と責任を再確認する必要があるかもしれない。

ところで、CLIL は良い指導法なのだろうか。少なくとも、第 3 章で掲げた目的の答えとして、本論では以下のように導くことができるであろう。

CLIL は、

1）日本の英語教育において学習者のつまずきの原因である「文法」や「語彙」の学習方法に解決策を投じる指導法となる可能性がある。
また、

2）教科横断型学習と読む活動により学習者のスキーマの活性化を促し、

3）母語による学習と知識の積み重ねのもとに英語学習に対する「関心・意欲・態度」が形成され学習者の自律を促す可能性がある。

しかしながら、「良い指導者」が「良い指導法」を実践し効果をあげても、その指導者に出会えた学習者だけがその指導を経験できたことになる。それでは日本の英語教育の向上は図れない。「良い指導者」がおり、「良い指導法」があっても、良い指導ができる場をどのように求めればよいだろうか。良い指導者が包括的に学校全体のマネージメントを受けて指導ができる環境作りはできるのだろうか。

よい指導法が CLIL だとしても、効果的な CLIL の活用に関しては学校全体の取り組みが必要であると考えられる。Ball, Kelly, & Clegg (2015)は、CLIL 教育のマネージメントについて、「科目の選定、担当教員、コース設計、学習者、評価、CLIL の指導法、継続教育、教材、関係者など、組織の上層部をも含め学校全体で取り組まなければ CLIL 教育の発展が難しい」

としている。CLIL でないにしても、新しい指導法の導入は、指導者のみならず、学校、地域、自治体全体で取り組まなければならない課題なのかもしれない。

今後は、新学習指導要領も示すように学習者の自律が求められるようになる。学習者が自らの学習に責任をもって取り組む姿勢を養わなければならない。そのための指導のみならず、「対話的、主体的な深い学び」を得るための環境作りもひとつの重要な課題である。海外の事例も取り入れながら、日本の文化や環境と学習者を念頭に日本の英語教育のスタイルを構築する時期なのではないかと感じる。そこに CLIL は教授法のひとつとして一石を投じてくれるかもしれないという期待もある。

羽鳥・松畑の時代から約 40 年、日本の英語教育はあまり変わっていない。日本の英語教育はどこを向いて進むのだろうか。結局、筆者もまだその答えは出せない。ただひとついえることは、「英語が好き」な学習者を一人でも多く増やすことを目指す、教師の信念と自覚が鍵となるかもしれない。教師自らが自律した学習者であれば、さまざまな教授法の知識と実践を身につけ、目の前の学習者に合わせた授業を工夫し構築できるのではないだろうか。文科省の理想と学校現場の現実には、まだ解決できない問題を多く抱えているのが現状だ。ICT の活用に加え AI との付き合い方など、GIGA スクール構想の展開と併せて具体的にどのようにギャップを埋めていくのかが今後の研究課題となるであろう。

最後に、長期にわたりこの調査に惜しみない協力をしてくださった、A 中学校の先生から寄せていただいた現場での思いを紹介し、結びとしたい。

小学校で週１回程度の割合で楽しい英語学習を経験してきた生徒たちが、本校入学後に実際に授業が開始してみて抱く感想は、次のようなものである。

「こんなに宿題が多いの？」

「これが英語の勉強なの？」
「こんな勉強楽しくない」

それでも、毎日出される課題の多さにも毎週行われる復習テストにも徐々に慣れて、１学期終了時には、多くの生徒が評定４以上の成績をとれるようになっている。しかし、中には、「小学校ではこんなに英語を書いたことなどない」「英語なんか大嫌い」と苦手意識を持つ生徒も毎年数名は発生している。このような生徒は、ネイティブ教師による会話形式の英語学習には積極的に取り組むのに、「書いて覚える」というような活動は面倒がり消極的になってしまう。

英語と日本語の言語構造は大きく違うので、習得するには難しい面もあるが、英語はすでに国際語であり、社会のグローバル化にともない「使える」ことが求められている。「使える」までには苦しい道のりもあるが、英語を学習することによって、ことばや文化の違いを知り、世界観が広がり、将来の可能性も広がっていく楽しみがある。

科学技術が発達して何かと便利な現代の世の中において、「地道に何かを習得する」という作業を面倒がる生徒が増えていることは確かであるが、英語を学ぶ楽しみや、英語が使える喜びを味わう体験を通し、意欲的に学習に取り組み、人間の幅を広げてほしいと願う。面倒だからこそ得られる何かを英語学習で見つけて欲しいと思う今日この頃である。

文　献　一　覧

1．和　書

新井邦二郎編著（2000）『学習と発達の心理学』東京：福村出版

有本純（2008）『国際英語の観点に基づく導入から矯正まで』科研報告書：平成20年科学研究費基盤C一般

池田真（2017）「言語能力から汎用能力へ―CLILによるコンピテンシーの育成」『英語で教科内容や専門を学ぶ』早稲田大学教育総合研究所　5-30.

池田真・渡部良典・和泉伸一（2016).『CLIL 内容統合型学習　上智大学外国語教育の新たなる挑戦　第3巻授業と教材』. 東京都: 上智大学出版.

和泉伸一（2009）『フォーカス・オン・フォームを取り入れた新しい英語教育』東京：大修館書店

和泉伸一・池田真・渡部良典（2012）『CLIL　内容言語統合型学習　第2巻実践と応用』東京：上智大学出版

和泉伸一（2016）『フォーカス・オン・フォームと CLIL の英語授業』東京：アルク選書

伊東治己（2010）「フィンランドにおける小学校英語教育―その多様性と一貫性に焦点を当てて―」『鳴門教育大学小学校英語教育センター紀要　創刊号』7-20

伊村元道（2008）『日本の英語教育200年』東京：大修館書店

岩本夏美（2005）「パーソナリティ要因が外国語学習に与える影響について：日本人英語学習者へ Myers-Briggs Type Indicator（MBTI）の利用可能性」『同志社女子大学学術研究年報』56,135-139.

内山進（2003）『応用言語学を言語教育に活かす』東京：大修館書店

SLA 研究会編.（1994）『第二言語習得研究に基づく最新の英語教育』東京：大修館

江利川春雄（2011）『受験英語と日本人』東京：研究社

大谷泰照（2007）『日本人にとって英語とは何か』東京：大修館書店

大谷泰照編（2010）『EU の言語教育政策』東京：くろしお出版

大津由紀雄（2006）『日本の英語教育に必要なこと』東京：慶應義塾大学出版会
大津由紀雄編著（2009）『危機に立つ日本の英語教育』東京：慶応義塾大学出版会
岡秀夫編（2011）『グローバル時代の英語教育―新しい英語科教育法』東京：成美堂
岡部幸枝・松本茂編著（2010）『高等学校　新学習指導要領の展開』東京：明治図書
奥村栄子（1981）「日本人が英語を話せない理由―考察：性格要因の外国語学習過程への影響に関する研究から」『徳島文理大学研究紀要』30, 87-98.
金谷憲・高知県高校授業研究プロジェクトチーム（2004）『和訳先渡し授業の試み』東京：三省堂
金谷憲編著（2009）『教科書だけで大学入試は突破できる』東京：大修館書店
川成美香代表（2013）『外国語コミュニケーション能力育成のための日本型CEFRの開発と妥当性の検証』平成24年文部科学省科研報告書
菅正隆（2010）『日本人の英語力―それを支える英語教育の現状』東京：開隆堂
北尾倫彦・長瀬壮一（2002）『観点別学習状況の新評価基準表』東京：図書文化
小池生夫編集（2004）『第二言語習得研究の現在』東京：大修館書店
小池生夫（2006）『第二言語習得研究を基盤とする小、中、高、大の連携を図る英語教育の先導的基盤研究』平成18年文部科学省科研報告書
小篠敏明（1999）「コミュニケーション時代を拓く英語教育―新学習要領の示す展望」『英語と英語教育』第4号、広島大学学校教育学部英語科研究室 7-18.
斉藤栄二（1994）「国際化時代に要求される英語とは―ジャパニーズ・イングリッシュ是正論」『英語教育』Vol.42, No.14, 8-10.
斉藤兆史（2007）『日本人と英語』東京：研究社
笹島茂（2011）『CLIL　新しい発想の授業』東京：三修社
澤田昭夫（1984）『外国語の習い方』東京：講談社現代新書
塩沢利夫・伊部哲（2004）『英語科教育の展開』東京：英潮社
JACET　SLA 研究会編著（2005）『文献からみる　第二言語習得研究』東京：

開拓社
白井恭弘（2004）『外国語学習に成功するひと、しないひと』東京：岩波新書
菅原克也（2011）『英語と日本語のあいだ』東京：講談社現代新書
菅原健介（1984）「自意識尺度（self-consciousness scale）日本語作成の試み」『倫理学研究』55, 184-188.
鈴木孝夫（1999）『日本人はなぜ英語ができないか』東京：岩波新書
高島英幸（1995）『コミュニケーションにつながる文法指導』東京：大修館
高島英幸編著（2000）『実践的コミュニケーション能力のための英語のタスク活動と文法指導』東京：大修館
竹内理（2003）『より良い外国語学習法を求めて―外国語学習成功者の研究』東京：松柏社
田崎清忠（1978）『英語教育理論』東京：大修館
田崎清忠編著（1995）『現代英語教授法総覧』東京：大修館
田中晴美・田中幸子編（1996）『社会言語学への招待：社会・文化・コミュニケーション』東京：ミネルヴァ書房
寺島隆吉（2007）『英語教育原論』東京：明石書店
寺島隆吉（2009）『英語で授業のイデオロギー　英語教育が滅びるとき』東京：明石書店
東後勝明（2001）『なぜあなたは英語が話せないのか』東京：筑摩書房
東後勝明・西出公之訳（1991）『コミュニケーションのための言語教育』東京：研究社
投野由紀夫（2012）『CEFR-J を活用するための Can-Do Descriptor リスト』東京外国語大学　投野由紀夫研究室
投野由紀夫編（2013）『英語到達度指標　CEFR-J ガイドブック』東京：大修館
中津燎子（1978）『なんで英語やるの』　東京：文春文庫
中野美智子編著（2005）『英語教育グローバルデザイン』東京：学文社
中島文雄（1987）『日本語の構造－英語との対比』東京：岩波新書
羽鳥博愛・松畑熙一（1980）『学習者中心の英語教育』　東京：大修館

拝田清（2010）「日本の外国語教育における複言語主義導入の妥当性―CEFR の理念と実際から―」『桜美林大学言語教育研究』創刊号
林功（2003）『アメリカの中学教科書で英語を学ぶ』　東京：ベレ出版
樋口晶彦・島谷浩編著（2007）『21 世紀の英語科教育』東京：開隆堂
平泉渉・渡部昇一（1995）『英語教育大論争』　東京：文春文庫
平田和人編著（2008）『中学校　新学習指導要領の展開』東京：明治図書
藤原真知子（2012）「日本の小学校における内容言語統合型学習(CLIL)の試み」『聖学院大学総合研究所　Newsletter』Vol.21-No5.
藤原真知子・相羽千州子（2015）「小学校 3 年生の CLIL 実践：理科と英語の連携」『聖学院大学総合研究所　Newsletter』Vol.24No.3.
布川淑（2006）「教師の多忙と多忙感―公立高等学校教師の教育活動に関する聞き取り調査に基づいて－」『立命館産業社会論集』42(3) 87-108.
北條礼子（2001b）「日本人 EFL 学習者の英語学習方略に関する研究（11）：高校生が用いる英語力別メタ認知方略と関連諸要因との比較」『上越教育大学研究紀要』21-1, 21-30.
村野井仁（2005）『フォーカス・オン・フォームが英語運用能力伸長に与える効果についての実証的研究』平成 15・16 年度日本学術振興会科学研究費補助金研究成果報告書基盤研究 C2 課題番号 15520367.
村野井仁（2006）『第二言語学習研究からみた効果的な英語学習法・指導法』東京：大修館書店
望月昭彦（2007）『新しい英語教育のために』東京：成美堂
森本治子（2012）「中学校英語教育における CERF（ヨーロッパ言語共通参照枠応用の取り組みの事例」『目白大学短期大学部研究紀要』（48）65-78.
文部科学省（2008）『小学校学習指導要領解説　外国語活動編』
文部科学省（2008）『中学校学習指導要領解説　外国語編』
文部科学省（2010）『高等学校学習指導要領解説　外国語編』
文部科学省「グローバル化に対応した英語教育改革実施計画」
http://www.mext.go.jp/b_menu/houdou/25/12/__icsFiles/afieldfile/2013/12/17/1342458_01_1.pdf（2017 年 11 月 29 日現在）

文部科学省（2015）「平成 27 年度英語教育実施状況調査（中学校）の結果概要」
http://mext.go.jp 1369254_2_1.pdf.
ベネッセ教育総合研究所（2014）「中高生の英語学習に関する実態調査 2014」
http://berd.benesse.jp/global/
ベネッセ教育総合研究所（2015）「中高の英語指導に関する実態調査 2015」
http://berd.benesse.jp/global/
水戸正雄（2010）『中学英語で日本の文学が紹介できる』東京：エール出版社
八島智子. (2004). 『外国語コミュニケーションの情意と動機』大阪：関西大学出版部
山田弘（2004）『中学英語で日本の歴史が紹介できる』東京：エール出版社
山田雄一郎（2006）『英語力とは何か』東京：大修館書店
吉島茂・大橋理恵訳編（2004）『外国語の学習、教授、評価のためのヨーロッパ共通参照枠』東京：朝日出版社
ルイ・ジャンカルヴェ著（西山教行訳）（2000）『言語政策とは何か』東京：白水社
渡部孝子（2010）「フィンランドにおける Content and Language Integrated Learning に関する基礎研究」『群馬大学教育実践研究』第 27 号 209-218.
渡邊時夫監修（2003）『英語が使える日本人の育成』東京：三省堂
渡辺雅子（2004）『納得の構造―日米初等教育にみる思考表現のスタイル』東京：東洋館出版
渡部良典・池田真・和泉伸一（2011）『CLIL　内容言語統合型学習　第 1 巻　原理と方法』東京：上智大学出版

２．洋　書

Ball, Kelly, & Clegg (2015). Assessment in CLIL. *Putting CLIL into Practice.* Oxford: Oxford University Press.
Bentley, K. (2010). *The TKT course CLIL module.* Cambridge, UK: Cambridge University Press.
Bruton, A. (2011). Is Clil so beneficial, or just selective? Re-evaluating some of the research. Sciverse Sciencedirect：www.sciencedirect.com. System

39, 523-532.

Byram, M. (1997). *Teaching and assessing intercultural communicative competence.* Clevedon, UK: Multilingual Matters.

Canale, M., & Swain, M. (1980). Theoritical bases of communicative approaches to second language teaching and testing. *Applied Linguistics,* 1, 1-47.

Celce-Murcia, M. (Ed.). (2001). *Teaching English as a second or foreign language* (3rd ed.). MA: Heinle and Heinle Publishers.

Cohen, A.D. (1998). *Strategies in learning and using a second language.* London: Longman.

Council of Europe. (2002). *Common European Framework of Reference for Languages: Learning, teaching, assessment.* Strasbourg: Council of Europe.

Council of Europe. (2005). Survey on the use of the Common European Framework of Reference for Languages. Retrieved February 2, 2006, from http://www.coe.int/t/dg4/linguistic/Source/Surveyresults.pdf

Coyle, D., Hood, P & Marsh, D (2010). *CLIL: Content and language integrated learning.* Cambridge, UK: Cambridge University Press.

Crystal, D. (1997). *English as a global language.* UK: Cambridge University Press.

Dekeyser, R. (2003). Implicit and explicit learning. In C. J. Doughty & M. Long (Eds), *The handbook of second language acquisition* (pp.313-348). Oxford: Blackwell

Deller, S. & C. Price (2007). *Teaching other subjects through English.* Oxford: Oxford University Press.

Doughty, C. (2001). Cognitive underpinnings of focus on form. In P. Robinson (Ed.), Cognition and second language instruction (pp.206-257). New York: Cambridge University Press.

Dornyei, Z. (2005). *The psychology of the language learner.* Mahwah, New Jersey: Lawrence Erlbaum Associates.

Doughty, C., & Williams, J. (1998). *Focus on form in classroom second language acquisition.* Cambridge: Cambridge University Press.

Fraser, C. (1999). Lexical processing strategy use and vocabulary learning through reading. *Studies in Second Language Acquisition*, 21(2), 225-241.

Gardner, R. & Lambert, W. (1972). *Attitude and motivation in second language learning.* Rowley, MA: Newbury House.

Green, A. (2012). *From Common European Framework to classroom application*: The English Profile Solution Proceedings of the 16th Conference of PAAL

Guiora, A. Z. & William, R. (1979). Personality and language behavior: A restatement. *Language Learning* ,29(1), 193-204.

Hall. Edward. T. (1976). *Beyond Culture.* London: Anchor Books

Hurley, J. (1995). Pragmatics in a language contact situation: Verbe forms used in requests in Ecuadorian Spanish. Hispanic Linguistics, 6-7, 225-264

Jenkins, J. (2003). *World Englishes.* London: Routledge

Jenkins, J. (2007). *English as a lingua franca: attitude and identity.* Oxford: Oxford University Press.

Kanazawa, Y. & Tominaga, Y. (2013). Strategies for inferring word meaning. *Tokyo International University Journal*, 26, 79-89.

Laufer, B, & Nation, I.S.P. (1999). Vocabulary size and controlled productive ability. *Language Testing*, 16 (1), 33-51.

Larsen-Freeman, D. (2003). *Teaching language: From grammar to grammaring.* Boston: Heinle.

Little, D. (2006). The Common European Framework of Reference for

Languages: Content, purpose, origin, reception and impact. LT, 39(3), 167-190.

Long, M. H. (1991). Focus on form: A design feature in language teaching methodology. In: K. de Bot, R. Ginsberg, & C. Kramsch (Eds.), *Foreign language research in cross-cultural perspective.* Amsterdam: John Benjamins.

Long, M. & Robinson, P. (1998). Focus on form: Theory, research, and practice. In. C. Doughty & J. Williams (EDs.), Focus on form in classroom second language acquisition. (15-41). Cambridge: Cambridge University Press.

Mackey, A. (1999). Input, interaction, and second language development: An empirical study of question formation in ESL. *Studies in Second Languge Acquisition*, 21(4), 557-587.

Maeda, T. (2002). Language learning strategies used by Japanese high school learners and achievement. *Language Education & Technology, 39*,137-148.

McCarthy, M. (1991). *Discourse analysis for language teachers.* Cambridge: Cambridge University Press.

McKay, L, S. (2002). *Teaching English as an international language.* Oxford: Oxford University Press.

Mehisto, P,, Marsh, D & Frigols, M. (2008). *Uncovering CLIL.* Oxford: Macmillan.

Meyer, O. (2010). Towards quality-CLIL: Successful panning and teaching strategies. *Pulso*, 33, 11-29.

Morrow, K. (ed.) (2004a). *Insight from the Common European Framework.* Oxford: Oxford University Press.

Naiman, N., Frohlich, M., Stern, H., & Toedesco, A. (1978). *The good language learner.* Toronto: Ontario Institute for Studies in Education.

Norris, J. & Ortega, L. (2000). Effectiveness of L2 instruction: A research synthesis and quantitative meta-analysis. *Language Learning*, 50, 3, 417-528.

Nunan, D. (1989). *Designing tasks for the communicative classroom.* Cambridge: Cambridge University Press.

Nunan, D. (2004). *Task-based language teaching.* Cambridge: Cambridge University Press.

Oller, J, & Richards, J. (Eds.). (1973). *Focus on the learner.* Newbury House Publishers: Rowley, MA.

Oxford, R. (1990). *Language learning strategies: What every teacher should know.* Cambridge: Newbury House.

Quirk, R. (1990). 'What is standard English?'. In: Quirk, R. and G. Stein (eds) *English in Use.* London: Longman: 112-25.

Rubin, J. (1975). What the 'good language learner' can teach us? *TESOL Quarterly*, 9(1), 41-51.

Rubin, J. & Thompson, I. (1994). *How to be a more successful language learner.* New York: Heinle & Heinle.

Schmidt, R. (1990). The role of consciousness in second language learning. *Applied Linguistics, 11*, 129-158.

Schoolland.K. (1990) *Shogun's ghost: The dark side of Japanese education.* Bergin & Gervine.

Stern, H. (1975). What can we learn from the good language learner? *Canadian Modern Language Review*, 31, 304-318.

Swain, M. (1985). Communicative competence: Some roles of comprehensible input and comprehensible output in its devepment. In S. Gass, & C. Madden (Eds.), *Input in second language acquisition* (235-253). Rowley, MA: Ndwbury House.

Takeuchi, O. & Wakamoto, N. (2001). Language learning strategies used by

Japanese college learners of English: A synthesis of hour empirical studies. *Language Education & Technology, 38*, 21-43.

Takada, T. (2003b). Learner characteristics of early starters and late starters of English language learning: Anxiety, motivation, and aptitude. *JALT Journal*, 25, 5-30.

Tomlin, R., & Villa, V. (1994). Attention in cognitive science and second language acquisition. *Studies in Second Language Acquisition, 16*, 183-204.

Trim, J. (2005). The role of the Common European Framework of Reference for Languages in teacher training. Retrieved February 1, 2006, from http://www.ecml.at/10/pdf/trim.pdf.

Wewer, T. (2014). *Assessment of Young Learners' English Proficiency in Bilingual Content Instruction CLIL*. Turku: University of Turku. https://www.doria.fi/handle/10024/96838.

Widdowson, H. (1978). *Teaching language as communication*. Oxford: Oxford University Press.

Widdowson, H. (1984). *Explorations in Applied Linguistics 2*. Oxford: Oxford University Press.

Williams, J. (2005). Form-focused instruction. In E. Hinkel (Ed.), *Handbook of research in second language teaching and learning* (pp.671-691). Mahwah, NJ: Lawrence Erlbaum.

Yassin, S. (2010). Teaching science through English. *International CLIL Research*

Journal, 1 (3), 46-50.

Zoble, H. (1982). A Direction for Contrastive Analysis: The Comparative Study of Developmental Sequences. *TESOL Quarterly*, Vol. 16, No. 2 (Jun., 1982), 169-183.

資料A：学習者自己評価アンケート

英語学習の自己評価

（　）年（　）組（　）番　名前（　　　　　　　　　　）

これは、英語の授業の自分の英語学習をふり返るアンケートです。
あてはまる数字に○を付けましょう。

<記入例>　該当番号に○を付けてください。

朝、新聞を読んでいますか。

いつもそうです。	どちらかといえばそうです。	あまりそうではありません。	まったくそうではありません。
3	(2)	1	0

1．あなたは熱心に英語学習に取り組んでいますか。

3	2	1	0

2．もっと英語ができるようになりたいと思っていますか。

3	2	1	0

3．教科書を使った学習に興味をもって積極的に取り組んでいますか。

3	2	1	0

4．新しく学んだ英語の文法や使い方を自分からすすんで理解しようとしていますか。

3	2	1	0

5．授業で学習した大切なところ（英語や話の内容など）が理解できていますか。

3	2	1	0

6．授業で学習した文法の仕組み説明でき、正しく使うことができますか。

3	2	1	0

7．わからない英語の意味や単語の発音を、自分で調べたり、先生に質問したりしていますか。

3	2	1	0

8．英語の本や雑誌を読んだり、英語の手紙やメールを書いたりしたいと思っていますか。

3	2	1	0

9．聞いた英語を理解し、英語で会話できるようになりたいと思っていますか。

3	2	1	0

10. 学習したことをノートにまとめたり、プリントの整理をしていますか。

3	2	1	0

11. 日常生活の中で、学習した英語を生かしていますか。

3	2	1	0

12. 家庭で、英語を使っている映画やテレビなど見ていますか。

3	2	1	0

13. 英語で日記や手紙を書いたことがありますか。

3	2	1	0

14. 外国の人や仲間同士で話す機会を見つけて、英語で対話していますか。

3	2	1	0

15. 授業で興味を持った内容などについて、本を読んだり調べたりしていますか。

3	2	1	0

16. 英語で書かれた本や新聞、インターネットのサイトなどを読んでいますか。

3	2	1	0

17. 授業中、グループ学習などで友達と協力してコミュニケーション活動をしていますか。

3	2	1	0

18. 外国の異なる文化を理解すること（異文化理解）や国際的な問題や状況を理解すること（国際理解）に積極的だと思いますか。

3	2	1	0

19. 自分の興味がある事（スポーツ・音楽など）に関する英語には積極的に取り組んでいると思いますか。

3	2	1	0

20. 学校以外で、英語を使う、または英語が気になる機会が増えたと思いますか。

3	2	1	0

☆ 英語を使って、何ができるようになりたいですか。具体的に記入してください。いくつ書いても構いません。

以上、ご協力ありがとうございました。

資料 B：教員用アンケート

アンケートのお願い

中学・高等学校の英語授業における内容言語統合学習（CLIL : Content and Language Integrated Learning）の可能性について、調査を進めております。先生のご担当されている授業（高校においては単位数の多いものを中心に）について、以下のアンケートにご協力をお願い致します。

☆　ご所属（該当箇所に○を付けてください。）：　中学校　／　高等学校　／　その他

☆　以下の質問に対し、該当する番号に○を付けてください。

1．毎朝、新聞を読んでいる。

常に～（で）ある	どちらかといえば～（で）ある	あまり～（で）ない	まったく～（で）ない
3	2	1	0

2．生徒が英語を使いやすい学習環境作りを心がけている。

常に～（で）ある	どちらかといえば～（で）ある	あまり～（で）ない	まったく～（で）ない
3	2	1	0

3．原則的に授業中は常に英語を使う。

常に～（で）ある	どちらかといえば～（で）ある	あまり～（で）ない	まったく～（で）ない
3	2	1	0

4．生徒の英語使用の誤りには寛容である。

常に～（で）ある	どちらかといえば～（で）ある	あまり～（で）ない	まったく～（で）ない
3	2	1	0

5．ティーチャー・トーク（話す速度や抑揚、繰り返しなど）を意識している。

常に～（で）ある	どちらかといえば～（で）ある	あまり～（で）ない	まったく～（で）ない
3	2	1	0

6．生徒のレベルに合わせて適切な言葉を選んで使うようにしている。

常に～（で）ある	どちらかといえば～（で）ある	あまり～（で）ない	まったく～（で）ない
3	2	1	0

7．内容を明確にするため授業中の表情やしぐさを意識している。

常に～（で）ある	どちらかといえば～（で）ある	あまり～（で）ない	まったく～（で）ない
3	2	1	0

8．ピクチャーカードや図表などの教材を使う。

常に～（で）ある	どちらかといえば～（で）ある	あまり～（で）ない	まったく～（で）ない
3	2	1	0

9．生徒の興味関心を引きつけることを意識している。

常に～（で）ある	どちらかといえば～（で）ある	あまり～（で）ない	まったく～（で）ない
3	2	1	0

10．ALT や英語話者に授業に参加してもらう。

常に～（で）ある	どちらかといえば～（で）ある	あまり～（で）ない	まったく～（で）ない
3	2	1	0

11. グループワークやペアワークなど生徒が積極的に活動する機会を提供している。

3	2	1	0

12. 文法指導よりも、コミュニケーション活動を優先している。

3	2	1	0

13. 1回の授業の中で、4技能の活動を含める授業を意識している。

3	2	1	0

14. 授業以外で、学校内で英語を使用する行事や掲示がある。

3	2	1	0

15. 生徒が他教科で何を学習しているのか意識している。

3	2	1	0

16. 学校外で生徒が英語を使用する機会（友人にメールを出すなど）を与えている。

3	2	1	0

17. ハンドアウトや課題を生徒に合わせオリジナルで作成している。

3	2	1	0

☆ その他、何かお気づきの点、コメントなどありましたら、以下にご記入いただければ幸いです。

以上、ご協力ありがとうございました。

資料 C：アンケート自由記述（実験群）

1．CLIL 系指導開始前

#	1	外国の人たちと友だちになりたい。一人で世界を旅行する。
#	2	外国の人と会話をできるようにしたい。国際社会で実用できるようにしたい。
#	3	外国の音楽の歌詞の意味を理解したい。映画を英語で見たい。
#	4	外国人と話ができるようにしたい。
#	6	字幕なしで映画を見たい。外国で苦がなく暮らせるようになりたい。
#	8	英語の本やネットの記事をスラスラ読めるようになりたい。
#	9	海外旅行で困らないくらい話せるようになりたい。
#	10	趣味で英語で困らないようになりたい。
#	11	英語の試験で高得点がとりたい。I want to get high score on the English test.
#	12	外国人に道などを聞かれたときに対応できるようになりたい。
#	13	英語のニュースを完璧に理解できるようになりたい。
#	14	外国へ行っても困らないようになりたい。
#	15	外国のひとと会話がスラスラできるようになりたい。英語の本や新聞が読めるようになりたい。
#	16	外国で普通に話ができるようにしたい。
#	18	外国で不自由なく暮らせるようになりたい。ネイティブの人の英語が理解できるようになりたい。映画を字幕なしで見たい。
#	19	外交で生活するのに困らない程度の英会話
#	20	外国の人と話せるようになりたい。
#	21	外国の人と話せるようになりたい。友達になりたい。
#	22	海外で生活するのに困らないくらいの語学力を身につけたい。
#	23	海外を旅行すること。海外の歌や映画を理解すること。
#	24	英語で外国人と話ができるようになりたい。外国で生活してみたい。世界にいけるような仕事がしたい。
#	25	外国に旅行に行って困らない程度になりたい。外国人に道を聞かれてスラスラ答えられるようにないりたい。
#	28	外国に行ってたくさんの方々と英語で会話ができるようになりたい。英語で論文を書いたり、プレゼンテーションができるようになりたい。英語で日本のことを伝えられるようになりたい。
#	29	
#	30	英語で外国人と話せるくらい、上手になりたい。
#	31	外国の方と会話ができるようになりたい。英語の新聞の内容を理解できるようになりたい。
#	32	外国に行って、外国人とスラスラ話ができるようになりたい。英語で手紙などもかけるようになりたい。
#	33	アメリカのドラマや映画をみるときに字幕なしで見たい。留学したい。

2．CLIL 系指導終了後

#	1	外国の人に見に案内位の英語が言えるようになりたい。
#	2	外国の方とコミュニケーションをしたい。
#	3	海外旅行に行きたい。
#	4	外国の人と話ができるようになりたい。
#	6	映画を字幕なしで理解できるくらいになりたい。
#	8	英語の雑誌や本、インターネットの記事を読めるようになりたい。
#	9	外国人と話せるようになりたい。
#	10	ゲームのチャットで困らないレベルの単語力が欲しい。
#	11	外国へ行った際、外国人とコミュニケーションが取れるようになりたい。
#	12	外国人と話せるようになりたい。
#	14	外国へ行ってもことばで困らないようになりたい。
#	15	外国の人に話しかけられても普通に応えられるようになりたい。
#	16	会話できるようになりたい。
#	18	外国で暮らす。映画を字幕なしで見る。外国の人と話す。
#	19	外国人と話す。外国の歌の歌詞がわかるようになる。
#	20	外国の方と話す。
#	21	外国に行って会話をしてみたい。
#	22	外国の友達ができるようになりたい。
#	24	電車の中で外国人お会話を聞き取る。
#	25	外国の人と英語で話せるようになりたい。英語を読み書きをするだけにしたくない。外交の人と話す機会が欲しい。
#	28	外国人と話せるようになりたい。
#	30	外国人と楽しく会話がしたい。
#	31	海外で人としゃべれるくらいの英語
#	32	外国の人と会話できるようになりたい。
#	33	スラスラと英語の本を読めるようになりたい。

資料 D：CLIL 系読む活動自由記述

1．雲ができるまで（理科）

英語				内容				cll 1	
	+				+		#	1	地球ってすごいなと思う。
		–				-	#	2	白い、浮かんでいて青い色とマッチングしているときれいだと思う。
++				++			#	3	空気中のほかりが必要なことに驚きました。
++				++			#	4	雲の構造を考える。
	+				+		#	6	ここから雨が降っているのか～、いろいろな形があるんだな～
	+				+		#	8	
	+				+		#	9	その日の天気
	+				+		#	10	雨が降るかどうか。
	+				+		#	11	様々な形の雲があり、同じ形のものはない。
++				++			#	12	上空はどれくらい寒いか。
++				++			#	13	雲の上に本当に乗っかれないかな？雲の中に入ったらどのようになるか考えます。
	+				+		#	14	おもしろいと思う。雨が降るかもしれないと思う。
	+					-	#	15	そろそろ雨が降ってきそうだ。少し雲がある晴れの場合、今日は絶好の野球日和だ！
	+				+		#	16	たくさんの小さな粒りが集まって、雲が見えるんだなと思います。
	+				+		#	18	何かに乗って雲を通り抜けてみたい。雲はいつからあるのか。大きくもを自分の手で作ってみたい。
		–			+		#	19	きれいだと思う。
	+				+		#	20	雲がどれくらいの速さで動いているか。
	+				+		#	21	天気によって雲の形が変化するから見ていてあきない。見ていておもしろい。
	+				+		#	22	
	+				+		#	23	小さな水滴が集まってできているのだなと思う。
	+				+		#	24	色々な形があるなと思っている。
	+			++			#	25	綿あめみたい。乗てみたい。柔らかそう。白い。なぜどれも形が違うのか。雨などの時に雲の色がかわるのはなぜだろう。
	+				+		#	28	とても美しいと思います。なぜならきれいな青色に様々な形の雲がうかんでいると美しく調和しているからです。
	+				+		#	30	この雲はどこまで続いているのか。なぜ透明な水や氷の粒が白くなったりするのか。
		–			+		#	31	どのくらいの数の水の粒があるのか。雲は水の粒と核で作られているから、水は透明ということは白いのは核か？
	+				+		#	32	絶対に本当なのですが、あんなに大きな雲が小さな粒のあつまりというのは少しだけ信じられないです。
		–			+		#	33	雲はたくさんの粒が集まってみえるようになっている。

2．距離と時間（数学）

英語				内容				cll 2	
	+			++			#	1	英語で解いてみるのも面白かった。機会があればまたやりたい。
		–				-	#	2	思っていた以上に意味をとるのが難しかった。
	+				+		#	3	問題文を読んで何が問われているのかを理解することがたいへんでした。
	+			++			#	4	普段日本語でしか解く機会がないので、とても難しかったです。
++				++			#	6	知っているような問題だったので簡単だった。
	+			++			#	8	計算よりも問題文を理解するのが大変だったけど、新鮮で面白かった。
	+				+		#	9	英語を和訳してから計算するので、難しかった。
	+			++			#	10	問題文の重要さがわかった。
	+				+		#	11	ただ数学の問題を解くよりも英語を訳してからとかなくてはいけないから手間がかかった。
++				++			#	12	英語を和訳するほうが難しかった。
++				++			#	13	いつもの数学の問題と違って面白かったです。
	+				+		#	14	日本語よりも間違いに引っ掛かりやすい。
	+			++			#	15	日本語が分かれば解けるものなので割と簡単でした。結構楽しかったです。
++				++			#	16	日本語で問題とを答よりも時間がかかって、少し大変でした。
++				++			#	18	初めてでしたが、思ったより簡単で驚きました。他の科目もやってみたいです。
	+			++			#	19	初めて英語で数学を解いたので、少し戸惑いましたが、内容が分かったのでいつも通りにできました。
++					+		#	20	難しい。でも問題の英語はさらさら読めてよかったです。
	+				+		#	21	例題があったので何となく解くことができました。
	+				+		#	22	日本語でないので疲れました。
	+			++			#	23	ことばだけでは解けないと思うが、図や式があったので解けました。
	+			++			#	24	簡単な問題なのに、いつもより考えなくてはいけないので大変でした。
	+			++			#	25	楽しかった。
	+			++			#	28	意外と楽しく解くことができたので良かったです。これからの生活で活かしていけたらよいなと思いました。
++				++			#	30	少し難しかったけど、今まで習った単位などが使われていたし、ヒントなどが書いてあったのでできました。
	+			++			#	31	速さ×時間＝道のりという公式は同じなので、思っていたより簡単に解くことができました。
	+			++			#	32	初めて英語での道のり、速さ、時間の問題を解いてみましたが、意味が分かれば普通の問題だったので、ほかにも様々な問題を解いてみたいと思います。
	+			++			#	33	わかれば小3くらいの問題だったので、簡単でした。

3．伊豆の踊子（国語）

英語				内容					cell 3
	+				+		#	1	1. 日本語を英語で書くとこんなに長くなるんだと思った。日本語で便利なのかなと思った。
	+				+		#	2	1. しっかりとした文章なのに、読みやすい簡単な英語で書かれていた。
	+				+		#	3	1. 青春がspring timeというのが面白かった。
	+				+		#	4	1. 芸人一座をroad companyと書くこと。青春をspring timeと書くこと。
	+			++			#	6	1. 青春がsspring timeと書くことに驚きました。物語は過去形で書かれるんだなと思いました。
	+			++			#	8	
	+				+		#	9	1. 他人とはまり話せないことを、英語でshyと書かれていること。
	+			++			#	10	1. 接続のthatが多い気がした。Izu dancerと思っていた。
	+			++			#	11	1. 近くにという場合にclose（閉める）を使っているところ。旅芸人一座というときにroad company とcompany(会社）という単語を使っている。
++				++			#	12	1. 昔の髪型が古いと感じること。
++				++			#	13	1. 青春という言葉をそのままspring timeと書くこと。
	+				+		#	14	1、映画化されたという意味でもbroughtという単語を使うのは知らなかった。Spring timeも青春もどちらも春が入っている。
	+				+		#	15	1. 青春ってspring timeって書くのか。近くにという言葉はcloseもあるのか。
	+				+		#	16	1. 作品はworkと書くこと。映画化されたはbroughtと書くこと。青春は青と春なのに、blue springと書かずに、spring timeと書くこと。
++				++			#	18	1. 日本語で書かれたのを英語で書かれたのでは違う内容のように感じました。日本語に相当する英語が少ないと思いました。
++				++			#	19	1. 青春をspring timeと書くところ。
	+				+		#	20	1. Closeは閉めるの意味しか知らなかったので、近くにという意味があるんだなぁと思った。タバコのスペルが面白い。
	+				+		#	21	1. 青春は、spring timeだったこと。
	+				+		#	22	1. 青春はspring timeと英訳できること。Closeが近くにという意味もあること。
	+			++			#	23	
	+				+		#	24	1. 同じ言葉が乾室でてくる。1つ1つの文が短い。短くまとめられている気がする。
	+			++			#	25	1. 伊豆の踊子、国語の授業でやった！青春ってspring timeって書くんだ。Blue springだと思っていた。着物はやっぱり日本の言葉だったんだ。
	+			++			#	28	1. 青春は春の時で、spring timeは面白い、一間期はa rollでそのままって感じなのですね。A road company が旅芸人の一座とは会社のことなのですね。
		–				-	#	30	1. 伊豆の踊子がpure love storyだということ。旅芸人をroad companyとあらわしている。
	+				+		#	31	1. Dancing Girl といわれるとポップな法の踊っている女の子のように思えましたが、踊りおとも結局は踊っている女の子だから英語で書かれるんだと思いました。
	+			++			#	32	1. 青春はspring timeを書いてある。近くにはcloseと書いてある。
	+				+		#	33	1. 青春ってspring timeっていうんだなと思いびっくりしました。季節の春のことではないのに、日本語も英語も春という言葉を使っているから日本人もアメリカ人もはるっぽい感じをイメージしているのかなと思いました。

							#	1	2. 結構難しく、今度はいろいろな本を読んでいこうとおもった。
							#	2	2. 大体の単語が授業で習っていたので、とても読みやすかった。日本の名作を英文で読むことはとても興味深かった。
							#	3	2. 難しい単語もあったが、大体の内容はわかりました。
							#	4	2. 日本語とは全く違く意味の英語で表しているのでとても読むのが難しかったです。
							#	6	2. 日本語を使っているからそう思うのかもしれませんが、英語で読むと、感情が文から理解しにくいなと思いました。
							#	8	2. 小説を英語で読むとDancing Girl in Izuのような、これは英語でこうやって書くのかというようなところがあって面白かった。
							#	9	2. 英語で表現するのが日本語の表現の仕方よりもわかりやすかった。
							#	10	2. 孤児根性がやっぱり切ない。英語版でもlove storyにしかとらえられないのかなと思った。
							#	11	2. 現代文の授業で一度やったことがある小説でしたが、こうして英語で読んでみると日本語を英語で表現するとこういう表現になるのだなぁという箇所がいくつかあり、面白かったです。
							#	12	2. 日本語で読むよりかなり時間がかかったが、内容は理解された。
							#	13	2. 日本語で読む感じと少し違っていましたが、わかりやすくて面白かったです。
							#	14	2. 日本語で読むのとは感じ方が違うと思った。
							#	15	2. 単語がわかっていないと読めないので、少し難しかったです。
							#	16	2. 日本語で読むときよりも時間がかかるけど、内容がわかると面白いと思いました。知っている話でも、英語で読むと、また新しい発見ができると思いました。
							#	18	2. 分を読んでいるとき、分からない単語がほぼなくてスラスラ読めました。自分が実力が上がったことが実感できてよかったです。好きなアーティストの曲名、曲中でわからない英語があると調べているのですが、今回それが役になってうれしかったです。ちなみにteenageという単とです。
							#	19	
							#	20	2. 日本語のこのようなチョッと古い話は、日本語で読むより英語の方が難しい言葉が無くてよいとおもった。
							#	21	2. 日本語よりも現代っぽいなと思いました。
							#	22	2. 以前、現代文の授業で学んだことを照らし合わせて読んだため、理解しやすかった。
							#	23	2. 日本のものを英語で表現すると、違うもののように感じるので、物語全体も、日本語でよむのとは違う感じがした。外国の物語も私たちが日本語にされたものをよんでいると現地の人がよんでいるのとは少し感覚が違うのかなと思った。
							#	24	2. 伊豆の踊子を英語ではDancing Gilr in Izuとかくことなど、やっぱり何となくですが違う意味のように感じてしまいます。言葉の使い方もそうですが、日本の名作はやっぱり日本語で読みたいです。英語だと作者の言いたいことがあまり伝わってきません。
							#	25	2. 楽しかった。少し難しかったけど、内容がよくわかってよかった。読みやすかった。
							#	28	2. もともと日本語で読んだことがあったので、和訳して読んでいくことがとても楽しかったです。今度は日本の童話を英訳されたものをもっと読んでみたいと思いました。日本の小説などが英訳されたものを読むことはとても興味部会です。
							#	30	2. 普通に現代文の授業でやったけど、英語で表すとこんなに違うんだと思いました。でもdancing girl in Izuと表現しても直訳でわかるし、その他の文も大体読み取れました。
							#	31	2. 日本のよにスラスラ読むことはまだできないけど、もっと英語を勉強して内容の知っている小説の英語をよむと、この日本語がこう英訳されるんだという発見ができるのでいいなと思いました。
							#	32	2. 伊豆の踊子は一度授業でやっていた文章でしたが、英語で読んでいても途中つかえたところはありますが、大体理解することができてよかったです。他の有名な本も英語で読んでみたいと思いました。
							#	33	2. 国語の授業で伊豆の踊子をやったことがあったので、イメージしやすかった。

4．秀吉の天下統一（社会）

英語				内容				cll 4
	+				+		#	1 英文の時の方が少し読みづらかった。
	+				+		#	2 歴史wの文章を英語でよむことはとても興味深かった。
	+					-	#	3 秀吉が天下を取るまでにとった行動が良くわかった。天下を取ってからもいろいろなことをしてすごいと思った。
	+			++			#	4 英語で年表を作るのは初めてですが有名な秀吉の年表だったので意外と簡単ンにできました。
		-			+		#	6 秀吉は歴史で習ったこと以外にも色々なことをやっていることがわかりました。
	+				+		#	8 英語以外の授業でやったことを英語でやったりすることがほとんどなかったので、面白かった。
	+					-	#	9 英語で歴史を読むと面白い。
	+			++			#	10 defeatedとunifiedがわからなかった。
	+			++			#	11 全国統一という表現がunification fo Japanということが面白いなと思った。
	+			++			#	12 少しわからない単語があった。
	+			++			#	13 feudalisticなどは日本語訳がなければわかりませんでした。
	+				+		#	14 今まで英語でやった教科の中で、歴史が一番難しいと思った。
	+			++			#	15 日本の歴史のことでもこれだけ英語で表せるのかと思いました。
	+				+		#	16 日本語で習った歴史を英語にすると、こんな英語になるんだなと思いました。
	+				+		#	18 歴史になると少しだけ専門用語みたいなのが出てきてわからないところが増えました。
	+			++			#	19 defeatedの意味が分からない、年貢や封建制度などの歴史よ用語を英単語を初めて見ました。
	+					-	#	20 katana-gariなどの日本お文字を英語にした言葉がとても多く使われていて読みやすかったです。
	+				+		#	21 刀狩はそのままkatana-gariということにびっくりしました。授業で習ったことがあったので読みやすかったです。
	+				+		#	22 歴史を英訳して読んだのは初めてだったから興味深かった。
	+			++			#	23 自分お国の知っている人物の話なので、英語でも分かったが、知らない人物だったらすぐには頭に入ってこないと思った。
	+				+		#	24 ○年に○○をしたではなく、○○をした○年にとなっていて英語と日本語の違いがよく分かった。
	+				+		#	25 divided byが割り算だというのは習ったが、dividedひとつだと区分したという意味になるんだと思った。過去形じゃなかったらどうなるのだろう。Divid?divide?
	+				+		#	28
	+				+		#	30 日本の歴史を英語で書くと普段より難しく感じました。しかし、とても読み買いが合って面白かったです。
	+				+		#	31 日本語だとスラスラ読めるけど英語になると少し意味を理解するのが大変だった。あと、昔やっていたこと（刀狩など）が英語になるとどうなるかわかった。
	+				+		#	32 太閤検地や刀狩はそのままtaiko-kenchi, katana-gariと書いてある。統一はunificationと書いてある。
++				++			#	33 人名などを英語にすると読みにくいというか、ちゃんと読まないど「あ、これは○○のことなんだ」と分かりにくい気がしました。

5．幼児のおもちゃ（家庭科）

英語				内容			#	cll 5
	+				+		#	1 英語で説明すると面白い表現の仕方をするんだなと思った。
	+				+		#	2 作り方も書いてあり、楽しく読めた。
		-					#	3 decorateが飾るでdecorationsが飾り物だということ。
	+				+		#	4 ゴムのことをrubberということ。
	+			++			#	6 rubberがゴムということを初めて知った。
	+				+		#	8
	+				+		#	9 動くという動詞がmoveで動きという名詞がmovementと似ている点
++				++			#	10 puppetの読み方（パペット）が遊戯王でわかった。
	+				+		#	11 授業でやった表現は本当にこのような文にも使われているのだなと改めて実感した。
++				++			#	12 色々なもので人の顔を作ろうとしていたこと。
++				++			#	13
		-				-	#	14 日本語でデコレーションというと飾るというような意味になるけど本当は飾り物だということが分かった
	+			++			#	15
	+				+		#	16 道具を使って何かをするときはwith道具と書くこと。どこかに材料を付けるときは、for場所と書くこと。
	+				+		#	18 今までに学習した力でこの文章が大体理解できました。身についているのがわかってよかったです。
	+			++			#	19
	+				+		#	20 ゴム手袋を指人形に替えることができることにびっくりしました。
	+				+		#	21 moveが動くでmovementが動きで似ている日本語でも品詞（形容詞とか動詞）が違ったら少し形が変わるんだなと思った。
	+				+		#	22 ゴム手袋を再利用して作っているのはすごいなと思いました。
	+			++			#	23
	+				+		#	24 喜ばせる、きっと、などという単語は知らなかったので面白かったです。
	+				+		#	25
	+				+		#	28 作り方を説明するときに、First, Next, Finallyを使って手順を述べている。
	+			++			#	30 指人形の作り方が英語に代わると少し難しいと思った。
	+			++			#	31 指人形の作り方をこのように英語を使って伝えられると面白いと思いました。
	+				+		#	32 きっとはsurelyという、ゴムはrubberという。
	+					-	#	33 指人形は1つでもsがつくことがわかった。指が10本あるから？と思った。

6．細胞のはじまり（理科）

英語				内容			cill 6		
	+					−	#	1	細胞はこんなことをするためにあるんだと思った
	+				+		#	2	生物が細胞に分別されることが分かった。英語で理科を学ぶと難しい単語が少し出てきたので読むのが少し大変でした。
	+					−	#	3	単細胞や多細胞のcellになぜedがついているのかが気になります。
	+				+		#	4	筋肉をmuscleということ。ゾウリムシをparameciumということ。細胞をsystemということ。
	+				+		#	6	割り算の英語はdivided byで分割されるもdividedなのを初めて知りました。
	+					−	#	8	自分が単細胞生物だったらなんて考えたこともなかったので、この文章を読んで自分は多細胞生物でよかったと思いました。
	+					−	#	9	細胞をcellと書き、日本語でセルはパソコンのエクセルのセル番地なので、小さくてたくさんあるところが似ていると思った。組織をsystemと書くので日本語と感じ方が違うと思った。システムは機械を動かす時のものだと考えていた。
	+			++			#	10	理科でやったのでわからなくても何となくわかった。
	+				+		#	11	同じ単語でも授業で習った意味と違うものがあった。細胞のことが英語でもよく分かった。
++				++			#	12	動物と植物で細胞が違う事。
++				++			#	13	単細胞より多細胞生物の方がいろいろできると知りました。しかし、なぜ地球上にはこのような2種類の生物がいるのか気になります。
		−				−	#	14	数学の割るはdivided by で分割されるはdivided intoだから、同じわかるなのでdividedを使ってると思いました。
	+				+		#	15	理科でやったときは日本語ですぐわかったけど英語になると少し難しく感じました。
	+				+		#	16	organismsとorganizeはスペルが似ているけど、意味が全く違うことがわかりました。大きな生物の細胞の一番の目的は組織づくりとするということだということがわかりました。Pieceはバ"津という意味から要素という意味に転換できるということがわかりました。
		−				−	#	18	読んでいくにつれ、理科と英語の2分野を一気にやっている感じで疲れました。何となくわかりましたが、語句がわからないのが多かったです。
	+				+		#	19	ゾウリムシをparameciumというのを初めてしった。
	+				+		#	20	divided はdivided byで一つの熟語みたいに覚えていたけど、divided intoという熟語もあるんだなぁと思った。ほかにもdividedの後に何がついてほかの意味になる熟語を探したいと思った。
	+				+		#	21	細胞はいろいろな目的、組織があるんだなと思いました。
	+				+		#	22	理科で今ちょうど習っているところなので、英語での言い方も学ぶことができてよかったです。また、新たに知る事ができた単語もあり勉強になりました。
	+				+		#	23	理科で細胞のことを勉強していなかったら、一つ一つの単語の意味は分かっても分全体の内容は頭に入ってこなかったと思う。
	+				+		#	24	日本語では「地球上のすべての生物」と書くところを英語ではAll living organisms on earth なので語順が違っていて面白い。
	+					−	#	25	ゾウリムシに英語版があるとは知らなかった。面白い。そのままzourimushiなどと書くのかと思った。
	+				+		#	28	理系の難しい細胞のことでも意外と身近な単語などで表現されていて親しみを持つことができた。私は将来このような関係の仕事に就きたいと思っているので興味がわきました。
	+				+		#	30	生物にとって細胞はなくてはならないもの。また、成長するためにも大切なもの。
	+				+		#	31	無数の細胞は子供を作ることを実行できると思いました。地球上にいるすべての生物は細胞へと分割されているのだと思いました。
	+				+		#	32	ゾウリムシはparameciumちうことに驚きました。
	+				+		#	33	細胞にはそれぞれ役割があるちうことが分かったsingle-celled, multi-celledの意味が不思議。Possibleが可能という意味だと書いてあったが、impossibleが不可能という意味だと何かで習ったので、inを付けると180度意味がかわるのだと思った。

8．図の面積（数学）　※　ページ編集の都合上８を先に記載

英語				内容			cill 8		
	+				+		#	1	英語で表現すると難しいが、分かると面白い。
	+				+		#	2	数学は大体図で見ればわかるので、英文を見なくてもできた。
++				++			#	3	英語だとどのような問題なのか明確に分からなかったのでとても難しく感じました。
	+				+		#	4	分からない単語もあって計算するのがとても難しいです。
++				++			#	6	数学は図だったら簡単ですが、文章題だと少し理解するのに時間がかかってしまいました。
++				++			#	8	やったことがある内容だったから、英語の意味が想像できたけど、やったことがない無いようだったら英語だとわからないなと思った。
++				++			#	9	社会や理科は専門用語を英語で読むので難しかったです。英語だと日本語でhあ発見できないこともあったので勉強になりました。
++				++			#	10	面白かったけどテストでこれが出たりすると面倒だなとおもった。
	+				+		#	11	英語でわからない表現があってもある程度は解くことができました。また単語量を増やせばもう少し解けるような気がします。
++				++			#	12	日本語なら何を聞かれているのかわかるのに、英語は少し単語がわからないぶん迷った。
++				++			#	13	英語で復習することによって英語も勉強できたのでよかったです。
	+				+		#	14	普通の計算が難しくなった。
	+				+		#	15	単語がわからないと理解できないので少し難しかったです。
	+				+		#	16	日本語で解くよりも時間がかかるけど、英語を理解しながら数学も理解できてのでよかったです。
++				++			#	18	図がないとわからないと思いました。
	+				+		#	19	各教科ごとの知識（図形の名前・生物の名前）を英単語にすると難しくてわからないものが多かった。
	+				+		#	20	日本語でやる分には簡単なのに、英語で書いてあったので難しく思えた。
	+				+		#	21	teapezoidとheightの違いがわからなかった。
	+				+		#	22	図形に数が書き込まれてしまっていたから何となく解けてしまった。数が書き込まれていない状態でもやってみたい。
++					+		#	23	
	+			++			#	24	いつより頭を使う。
	+			++			#	25	他教科を英語で学ぶのは面白いけど難しい単語ばかり出てくるので大変。
	+				+		#	28	とても興味深く楽しかったです。わからない単語を予想しながら考えることも面白かったです。
	+				+		#	30	少しわからない単語などがあるが、だいたい分かった。図形などがあるとわかる。
	+				+		#	31	思ったより簡単に解けた。
	+				+		#	32	もしも問題だけで図がなかったら解けていなかったと思いますが、隣に図が書いてあったので、何とかとくことができました。
	+					−	#	33	何を求めているか理解するのに時間がかかった。

7．文明開化（社会）

英語			内容			#	cil 7	
		-			-	#	1	1. 馬車だからhourseとcarを使うのかと思ったら、一語だった。
	+			+		#	2	1. 太陽暦と太陰暦は漢字では一文字しか違いがないが、英語は全く違く単語だった。
	+		++			#	3	1. 文明開化に英語があることに驚いた。
	+			+		#	4	1. 太陽暦はsolar calendarで太陰暦はlunar calendarとあらわすこと。学問を学ぶという意味のlearningで表すこと。
	+		++			#	6	1. 人力車は1Human-powered cartということを初めて知りました。
	+			+		#	8	1. 人力車は1Human-powered cartとそのまんまなんだなと思いました。
	+			+		#	9	
	+			+		#	10	1. 知らない箇所(というか単語)がたくさんあった。
	+			+		#	11	1. 人力車を人の力で動くカートと表現している。学問の進めを学問を奨励すると表現しえいる。
++			++			#	12	1. 文明開化でいろいろな西洋の文化を日本は取り入れていった。
++			++			#	13	1. 太陽暦はsolar calendarで太陰暦はlunar calendarという。
	+			+		#	14	1. 学問のすすめを英語で学問の奨励とあらわしていた。
	+		++			#	15	1. いろいろ難しい単語があって、少し読みづらかったです。
	+			+		#	16	1. 鉄道は線路の道と書くこと。暦はcalendarと読むこと。
++			++			#	18	1. 太陽暦をsolara calendarと書き、太陰暦をLunar calendarと書くこと。
	+			+		#	19	1. 活版印刷は、手紙と圧をかける(letterpress)という単語で表すのか。
	+			+		#	20	1. 民主主義は民主と主義で一語ずつあるのかなとおもったけど、democracyという1単語でも表せる。
	+			+		#	21	1. 太陽暦はソーラーパネルのソーラーとカレンダーとあらわすこと。
	+			+		#	22	1. レンガはbrick buildingsということを初めて知りました。太陽暦はsolar calendarということも初めて知りました。
	+		++			#	23	1. Toughtで思想という名詞になると分かった。
	+			+		#	24	1. 本の名前が英語と日本語では違っている。
++				+		#	25	1. 人力車や活版印刷は英語で表せるのかと思た。
	+		++			#	28	1、活版印刷はletterpress printingという単語で表すということが分かった。人力車はhuman-powered cartとあらわすということがわかり、新しい発見ができた。
		-			-	#	30	1. 活版印刷は英語で手紙をつぶすという意味であるということ。
	+			+		#	31	1. Popularizedはpopularとスペルは似ているけど意味は違うなと思います。
	+			+		#	32	1. 文明開化を1単語にせず、3語でCivilization and Enlightenmentと表現していた。
	+		++			#	33	1. 本の名前や呼び方は日本語をアルファベットで書いても意味が通じないので英語の意味もカッコ付で加える必要があるんだなと思いました。

#	1	2. いろいろと西洋の文化を取り入れて新しいものがいっぱいあったのだろうと思った。
#	2	2. 文化だけでなく日本を変えたと思う。
#	3	2. Kの時代がなかったら、今の日本にあるいろいろなものがないことになってしまうのですごいと思う。
#	4	2. 文明開花は日本にとって外国の文化においつくためにとても必要なことだと思いました。
#	6	2. やっぱり外国の進んだ文化を取り入れるのは良いことだと思いました。
#	8	2. ここで外国の文化を取り入れたいしていなかったら、鉄道がなかったんだなと思った。
#	9	2. 明治時代の文明開化は難しい印象が強いです。英語で読むと難しい単語もあるけど読める感じがします。
#	10	2. 文明開化がなければ今の日本がなかったと思うので大事な出来事だったと思います。
#	11	2. 文明開化は様々な技術が発展したことが分かった。外交んお制度・文化・文明を積極的に取り入れ日本を発展させようとしていたことが分かった。
#	12	2. 西洋の文化は日本の文化より進んでいるところがたくさんあるので、たくさん取り入れてよかったと思う。
#	13	2. 文明開化によって昔の習慣などがなくなったり、変わったので少し残念です。
#	14	2. 日本独自の文明開化や人力車など、英語をくみ合わせていた。
#	15	2. これがなかったらまだ今の日本はこんな感じじゃなかったかもしれないので、大きな出来事だったと思う。
#	16	2. 文明開化によって日本の伝統が少し薄れてしまったのは残念だけど、西洋から新しい文化が取り入れられたのは良かったです。今私たちが使っている物には西洋から取り入れられたものがたくさんあることがわかりました。
#	18	2. 外国の文化が入ってきた丈、日本の伝統的な文化が失われているかもしれないと思います。
#	19	
#	20	2. 昔の人が頑張って文明開化してくれたおかげでいまの暮らしがあるんだなとこの分を読んで改めて思った。
#	21	2. 文明開化があったから、今の日本がここまで成長できたのではないかな。英語を学ぶことも文明開化があったからだと思います。
#	22	2. 文明開化は日本にとって外国に近づこうと踏み出した大きな一歩だと思います。今後も頑張ってほしいです。
#	23	2. 日本は工業技術や学問以外に、なぜ食べるものや着るものまで欧米をまねあのだろうと思った。
#	24	2. 日本の今までの文化が大きく変わったということが分かった。
#	25	2. 文明開化が無かったら、今の日本はなかったと思う。洋服も着れないし、牛肉も食べられなかったと思うと残念だ。
#	28	2. 日本だけではなく、外国があったからこそ、日本が成長できたのだと思います。
#	30	2. 文明開化はこの時代の人々にとってとても大きく時代が変化した時だと思う。また、洋服になったり、西洋への文化になり現在の原点になったと思う。
#	31	
#	32	
#	33	

本書の作成にあたり、私を支えてくださったすべての方々に

心より深く感謝申し上げます。

著者紹介

富永 裕子（とみなが ゆうこ）

清泉女学院大学人間学部心理コミュニケーション学科教授　博士（学術）。専門は応用言語学：英語教育学、第二言語習得、学習者要因。主な著書に『新しい英語科教育法―グローバル時代の英語教育』（共著、成美堂）、『新学習指導要領に対応した英語科教育法―新グローバル時代の英語教育』（共著、成美堂）、文部科学省検定教科書『Genius English Logic and Expression Ⅰ・Ⅱ・Ⅲ』（共著、大修館）、副教材『Genius English Logic and Expression Writing Note Ⅰ・Ⅱ・Ⅲ』（共著、大修館）などがある。

中学校
「英語」×「教科」の試み　―教科横断型学習と自己評価―

2023年12月19日　初 版 発 行

著 者　富永 裕子

発行所　株 式 会 社　三 恵 社
〒462-0056 愛知県名古屋市北区中丸町2-24-1
TEL 052 (915) 5211
FAX 052 (915) 5019
URL http://www.sankeisha.com

乱丁・落丁の場合はお取替えいたします。

ISBN978-4-86693-872-1 C1082